일 러 두 기

일본어를 표기하는 문자에는 히라가나(hiragana, 音節文字), 가타카나(katakana, 音節文字), 漢字(かんじ, 表意文字), 로마자(ローマじ, 単音文字)등 네 가지가 쓰이고 있으나, 주로 히라가나(ひらがな)와 한자가 쓰이고, 가타카나(カタカナ)는 외래어와 인명, 지명 등의 고유명사에 사용됩니다.

이 책은 학습의 기초가 되는 히라가나를 자유자재로 읽고 결구에 따라 바르게 쓰면서 기초적인 능력을 기르는데 목적을 두고 엮었습니다.

문장쓰기에서는 독해력에 도움이 되는 쉬운 文型을 넣어 문형연습(Pattern practice)과 함께 기본 어법을 익히는데 역점을 두었습니다.

볼펜(수성, 유성)을 잡을 때에는 볼펜촉과 집게손가락 사이를 3cm 위치에 둡니다. 이때 책과 볼펜의 각도는 약 60°를 유지하면서 등을 펴는 동시에 어깨에는 힘을 주지 말아야 합니다.

2 오십음도	32 다쿠옹 쓰기	55 인사말 쓰기
3 다쿠옹·한다쿠옹·요-옹	36 한다쿠옹·요-옹 쓰기	59 숫자 쓰기(한자)
4 발음과 표기법	37 단어 쓰기	60 가족 쓰기
8 히라가나 쓰기	44 문형 연습	61 숫자 쓰기
20 가타카나 쓰기	54 조사(口語) 쓰기	62 월별·요일·날짜 시간 쓰기

五十音図
(ごじゅうおんず)

あ・ア 아 [a]	い・イ 이 [i]	う・ウ 우 [u]	え・エ 에 [e]	お・オ 오 [o]
か・カ 가 [ka]	き・キ 기 [ki]	く・ク 구 [ku]	け・ケ 게 [ke]	こ・コ 고 [ko]
さ・サ 사 [sa]	し・シ 시 [si・shi]	す・ス 스 [su]	せ・セ 세 [se]	そ・ソ 소 [so]
た・タ 다 [ta]	ち・チ 치 [chi・ti]	つ・ツ 츠(쯔) [tsu・tu]	て・テ 데 [te]	と・ト 도 [to]
な・ナ 나 [na]	に・ニ 니 [ni]	ぬ・ヌ 누 [nu]	ね・ネ 네 [ne]	の・ノ 노 [no]
は・ハ 하 [ha]	ひ・ヒ 히 [hi]	ふ・フ 후 [hu・fu]	へ・ヘ 헤 [he]	ほ・ホ 호 [ho]
ま・マ 마 [ma]	み・ミ 미 [mi]	む・ム 무 [mu]	め・メ 메 [me]	も・モ 모 [mo]
や・ヤ 야 [ya]	(い・イ) 이 [i]	ゆ・ユ 유 [yu]	(え・エ) 에 [e]	よ・ヨ 요 [yo]
ら・ラ 라 [ra]	り・リ 리 [ri]	る・ル 루 [ru]	れ・レ 레 [re]	ろ・ロ 로 [ro]
わ・ワ 와 [wa]	(ゐ・ヰ) 이(위) [i・wi]	(う・ウ) 우 [u]	(ゑ・ヱ) 에(웨) [e・we]	を・ヲ 오 [o・wo]
ん・ン 응 [n]				

- ひらがな [히라가나]
- カタカナ [가타카나]
- 발음은 헤본식과 日本式 혼합 표기.

다쿠옹 [濁音]

が・ガ	ぎ・ギ	ぐ・グ	げ・ゲ	ご・ゴ
가 [ga]	기 [gi]	구 [gu]	게 [ge]	고 [go]
ざ・ザ	じ・ジ	ず・ズ	ぜ・ゼ	ぞ・ゾ
자 [za]	지 [zi・ji]	즈 [zu]	제 [ze]	조 [zo]
だ・ダ	ぢ・ヂ	づ・ヅ	で・デ	ど・ド
다 [da]	지 [ji・di]	즈 [zu・du]	데 [de]	도 [do]
ば・バ	び・ビ	ぶ・ブ	べ・ベ	ぼ・ボ
바 [ba]	비 [bi]	부 [bu]	베 [be]	보 [bo]

· 발음은 ヘボン式과 日本式 혼합 표기.

한다쿠옹 [半濁音]

ぱ・パ	ぴ・ピ	ぷ・プ	ぺ・ペ	ぽ・ポ
파 [pa]	피 [pi]	푸 [pu]	페 [pe]	포 [po]

요-옹 [拗音]

きゃ	しゃ	ちゃ	にゃ	ひゃ	みゃ	りゃ
갸 [kya]	샤 [sya・sha]	챠 [tya・cha]	냐 [nya]	햐 [hya]	먀 [mya]	랴 [rya]
きゅ	しゅ	ちゅ	にゅ	ひゅ	みゅ	りゅ
큐 [kyu]	슈 [syu・shu]	츄 [tyu・chu]	뉴 [nyu]	휴 [hyu]	뮤 [myu]	류 [ryu]
きょ	しょ	ちょ	にょ	ひょ	みょ	りょ
쿄 [kyo]	쇼 [syo・sho]	쵸 [tyo・cho]	뇨 [nyo]	효 [hyo]	묘 [myo]	료 [ryo]

· 발음은 ヘボン式과 日本式 혼합 표기.

발음과 표기법

1 청음(清音; せぃおん 세이옹)은 10개의 세로행과 5개의 가로단(段)으로 된 五十音図이다. 이 청음은 모음(ぼいん 보잉)「아・이・우・에・오」와 반모음(はんぼいん 함보잉)「야・유・요」, 자음(しぃん 시잉)등의 세 가지로 분류되며, 탁음(")혹은 반탁음(˚)이 붙지 않는다.

　　① あ행-「あ・い・う・え・お」　　　(아・이・우・에・오)
　　② か행-「か・き・く・け・こ」　　　(가・기・구・게・고)
　　③ さ행-「さ・し・す・せ・そ」　　　(사・시・스・세・소) • 수「す」는「스」로 발음.
　　④ た행-「た・ち・つ・て・と」　　　(다・치・츠・데・도)
　　⑤ な행-「な・に・ぬ・ね・の」　　　(나・니・누・네・노)
　　⑥ は행-「は・ひ・ふ・へ・ほ」　　　(하・히・후・헤・호) •「は・へ」가 낱말속이 아닌 조사일 때는「와・에」로 발음.
　　⑦ ま행-「ま・み・む・め・も」　　　(마・미・무・메・모) •「む」는「므」로 발음되기도 함.
　　⑧ や행-「や・(い)・ゆ・(え)・よ」　(야・(이)・유・(에)・요) •「이・에」는 ①의「이・에」와 같음.
　　⑨ ら행-「ら・り・る・れ・ろ」　　　(라・리・루・레・로)
　　⑩ わ행-「わ・(ゐ)・(う)・(ゑ)・を」 (와・(위)・(우)・(웨)・오) •「ゐ・ゑ」는 쓰이지 않음.「우」는 ①의「우」와 같음.

　• 모음 예 あき [aki]　　반모음 예 やま [yama]　　자음 예 きく [kiku]
　•「か・き・く・け・こ」가 둘째 자 이후에 오면「카・키・쿠・케・코」로 발음.
　•「た・(ち)・て・と」가 둘째 자 이후에 오면「타・(치)・테・토」로 발음.
　•「を」는「お(오)」와 발음이 같으며, 조사「~을(를)」로만 쓰임.

2 탁음(濁音; だくおん-다쿠옹)은 흐린소리로「か(ka)・さ(sa)・た(ta)・は(ha)」행의 글자에 탁점부호「"(にごり-니고리)」를 오른쪽 위에 붙이며, 한글표기는 곤란하지만 영어음을 빌려 나타낸다.

　　① か행-「が・ぎ・ぐ・げ・ご」　　　(가・기・구・게・고)
　　② さ행-「ざ・じ・ず・ぜ・ぞ」　　　(자・지・즈・제・조)
　　③ た행-「だ・ぢ・づ・で・ど」　　　(다・지・즈・데・도)
　　④ は행-「ば・び・ぶ・べ・ぼ」　　　(바・비・부・베・보)

- か행의 「が・ぎ・ぐ・げ・ご」가 단어의 첫머리에 오면 「g」로 발음하고 둘째 자 이후에 오면 「g 혹은 ŋ」로 발음하기도 함.
    예) かがみ→가가미(강아미)   かぎ→가기(강이)
- た행의 「ぢ・づ」는 さ행의 「じ(zi)・ず(zu)」와 발음이 같음.

3 반탁음(半濁音; はんだくおん 한다쿠옹)은 「は」행 뿐이며, 오른쪽 위에 「°」을 붙인다. 주로 한자나 외래어의 표기에 사용되며, 한글의 「ㅍ」음과 같고 영어로는 「P」음이다.

　　　は [ha] 행 … 「ぱ・ぴ・ぷ・ぺ・ぽ」 (파・피・푸・페・포)

- 「ㄲ・ㄸ・ㅃ・ㅉ」은 쓰지 않음.   예) さんぽ(산뽀→산포)

4 요음(拗音; ようおん 요-옹)은 자음과 모음사이에 반모음 「y」를 덧붙인 음이다(자음 + 반모음 + 모음). 「い」단의 자음 「き・し・ち・に・ひ・み・り・ぎ・じ・ぢ・び・ぴ」의 12자에 반모음 「ゃ・ゅ・ょ」를 우측 밑에 작게 붙여 한 음절로 발음한다. 이 때 크게 쓰면 요음이 아니다.

① き-「きゃ・きゅ・きょ」 (갸・규・교)
② し-「しゃ・しゅ・しょ」 (샤・슈・쇼)
③ ち-「ちゃ・ちゅ・ちょ」 (차・추・초)
④ に-「にゃ・にゅ・にょ」 (냐・뉴・뇨)
⑤ ひ-「ひゃ・ひゅ・ひょ」 (햐・휴・효)
⑥ み-「みゃ・みゅ・みょ」 (먀・뮤・묘)
⑦ り-「りゃ・りゅ・りょ」 (랴・류・료)
⑧ ぎ-「ぎゃ・ぎゅ・ぎょ」 (갸・규・교)
⑨ じ-「じゃ・じゅ・じょ」 (자・주・조)
⑩ ぢ-「ぢゃ・ぢゅ・ぢょ」 (자・주・소)
⑪ び-「びゃ・びゅ・びょ」 (뱌・뷰・뵤)
⑫ ぴ-「ぴゃ・ぴゅ・ぴょ」 (퍄・퓨・표)

- 「き」행이 단어의 둘째 자 이후에 오면 「캬・큐・쿄」로 받음치고, 「ち」는 「챠・츄・쵸」로 받음.
- 「じ」에서 「ㅈ」에 이중모음이 결합한 표기는 쓰지 않음(자・주・조).
    예) じゅんぴつ (쥰삐츠→준피츠)
- 「ち」에서 「ㅊ」에 이중모음이 결합한 표기는 쓰지 않음(차・추・초).
    예) みちゅき (미츄끼→미추키)
- 「ぢ」에서 「쟈・쥬・죠(자・주・조)」는 「じ」에서 「쟈・쥬・죠(자・주・조)」와 발음이 같음.

5 발음(撥音; はつおん 하츠옹)은 「ん・ン」자로서 다른 글자 밑의 받침(종성)으로만 쓰며, 비음이고 표기는 「n」으로 적는다. 원래는 「응」이지만 그 다음에 오는 글자에 따라 「ㅁ(m)・ㄴ(n)・ㅇ(ŋ)」 등으로, 아래의 소리가 윗 음을 변화시킨다.

    ① 「ㅁ(m)」 발음은 「ま(m)・ば(b)・ぱ(p)」행의 글자가 올 때(ん+「ま・ば・ぱ행」).
        ㉠ ぶんめい [bummê] 문명   とんぼ [tombo] 잠자리   さんぽ [sampo] 산책

    ② 「ㄴ(n)」 발음은 「た(t)・だ(d)・な(n)・ら(r)」행의 글자가 올 때(ん+「た・だ・な・ら 행」).
        ㉠ えんとつ [entotsu] 굴뚝   うんどう [undô] 운동
          あんない [annai] 안내   けんり [kenri] 권리

    ③ 「ㅇ(ŋ)」 발음은 「か(k)・が(g)」행의 글자가 올 때(ん+「か・が 행」).
        ㉠ かんこく [kaŋkoku] 한국   おんがく [oŋgaku] 음악

    ④ 「ㅇ과 비슷(N)」 발음은 「さ(s)・ざ(z)」행의 글자와 「わ」의 앞 그리고 「모음・반모음」 또는 「ん」이 어말에 올 때.
        ㉠ せんそう [seNsô] 전쟁   かんじ [kaNji] 한자   ほんや [hoNya] 서점
          でんわ [deNwa] 전화   まんいん [maNiN] 만원

6 촉음(促音; そくおん 소쿠옹)은 「た」행의 「っ・ッ」자로서 주로 어중(語中)에만 온다. 다른 글자 밑에 작게 써서 받침(종성)구실을 하며, 그 다음에 오는 글자에 따라 「ㄱ・ㅅ・ㄷ・ㅂ」 등으로 발음한다. 단, 외래어인 경우에는 예외일 수도 있다.

    ① 「ㄱ」 발음이 되는 경우 「っ + か(k)」행의 글자가 올 때. ㉠ いっかい [익가이]
    ② 「ㅅ」 발음이 되는 경우 「っ + さ(s)」행의 글자가 올 때. ㉠ いっさい [잇사이]
    ③ 「ㄷ」 발음이 되는 경우 「っ + た(t)」행의 글자가 올 때. ㉠ まったく [맏타쿠]
    ④ 「ㅂ」 발음이 ㅂ되는 경우 「っ + ぱ(p)」행의 글자가 올 때. ㉠ いっぱい [입파이]

7 장음(長音; ちょうおん 죠-옹)은 앞의 모음부분을 길게 발음하는 것을 말한다. 「ひらがな」에서는 모음 「あ・い・う・え・お」를 덧붙여 써서 장음 역할을 한다. 각 단의 음 밑에 작게 써서 두 자 또는 세 자를 한 음절로 길게 발음한다.

  ① あ단의 「か・さ・た・な・は・ま・ら・わ・や・が・ざ・だ・ば」에서는 「あ」.
    예 お<u>か</u>あさん　[오카-상]　어머니

  ② い단의 「き・し・ち・に・ひ・み・り・ぎ・じ・ぢ・び」에서는 「い」.
    예 <u>に</u>いさん　[니-상]　「兄(にい)」의 높임말. 형님. 오라버니.

  ③ う단의 「く・す・つ・ぬ・ふ・む・る・ぐ・ず・づ・ぶ」에서는 「う」.
    예 <u>ふ</u>うぞく　[후-조쿠]　풍속

  ④ え단의 「け・せ・こ・<u>ね</u>・へ・め・れ・げ・ぜ・で・べ」에서는 「え・い」.
    예 <u>ね</u>えさん　[네-상]　「姉(あね)」의 높임말. 누님. 언니.

  ⑤ お단의 「こ・そ・<u>と</u>・の・ほ・も・ろ・よ・ご・ぞ・ど・ぼ」에서는 「う・お」.
    예 お<u>と</u>うさん　[오토-상]　아버지

  ⑥ 세 자의 경우　예 <u>きょ</u>うしつ [교-시츠]　교실　　　<u>しょ</u>うかい [쇼-카이]　소개

• 「え」단 다음에 「い」가 오면 「에이(ei)」가 아니고 「え」의 장음 ê (에-)로 발음.
  예 けい [kê (게-)]

• 로마자로 쓸 때에는 「 ^ 또는 - 」을 쓰며, 「ゆ」의 경우엔 「ゆう」로 적음.
  예 <u>ゆ</u>うがた [유-가타]

• 「가타카나」에서의 장음부호는 「 - 」로 표시한다(세로쓰기는 「 | 」).
  예 ソーセージ [sôseji 소세지]

• 「お」단 다음에 「う」가 오면 「오우」가 아니고 「お」의 장음 ô (오-)로 발음한다.
  예 そうだん [소-당 (sôdaN)]

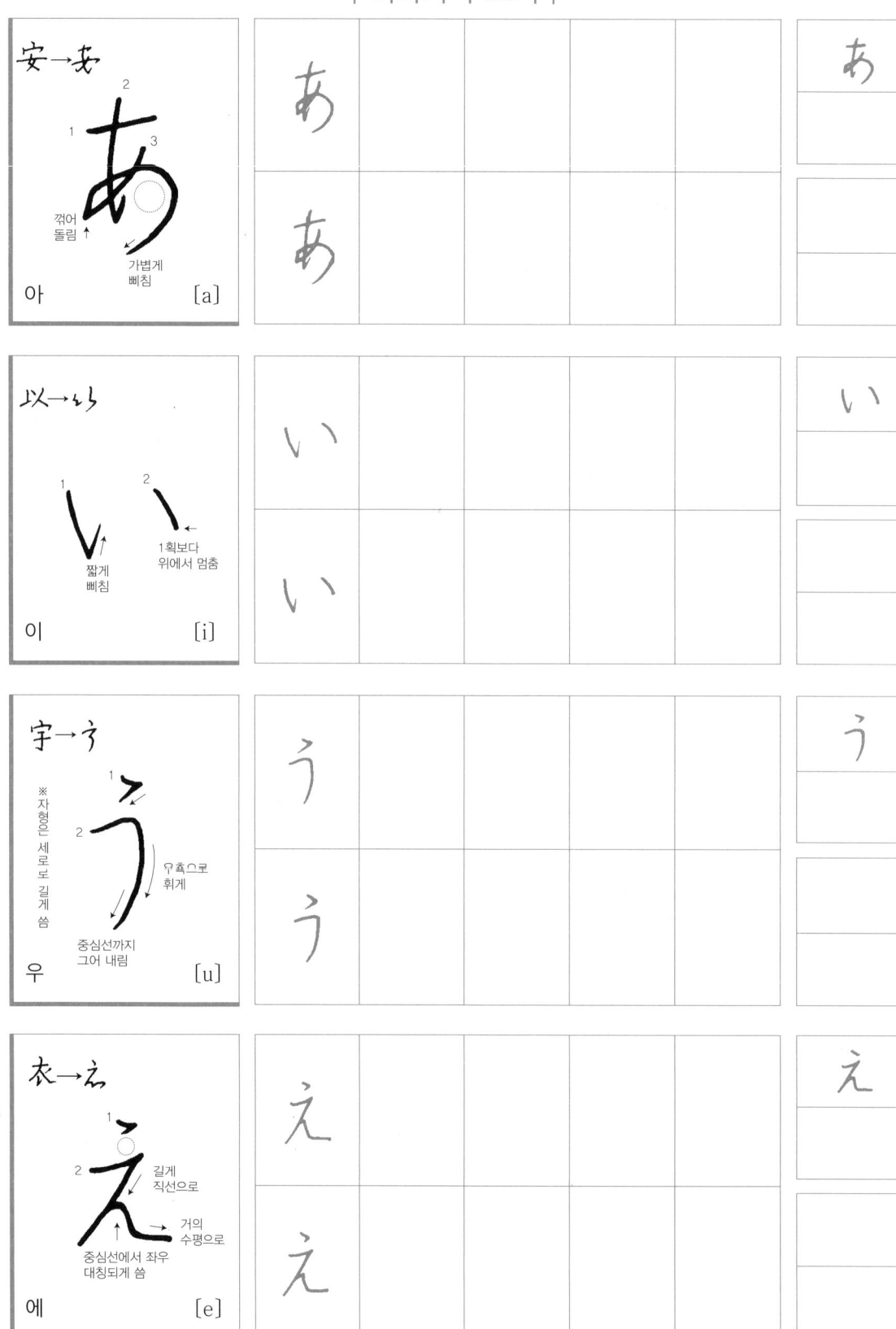

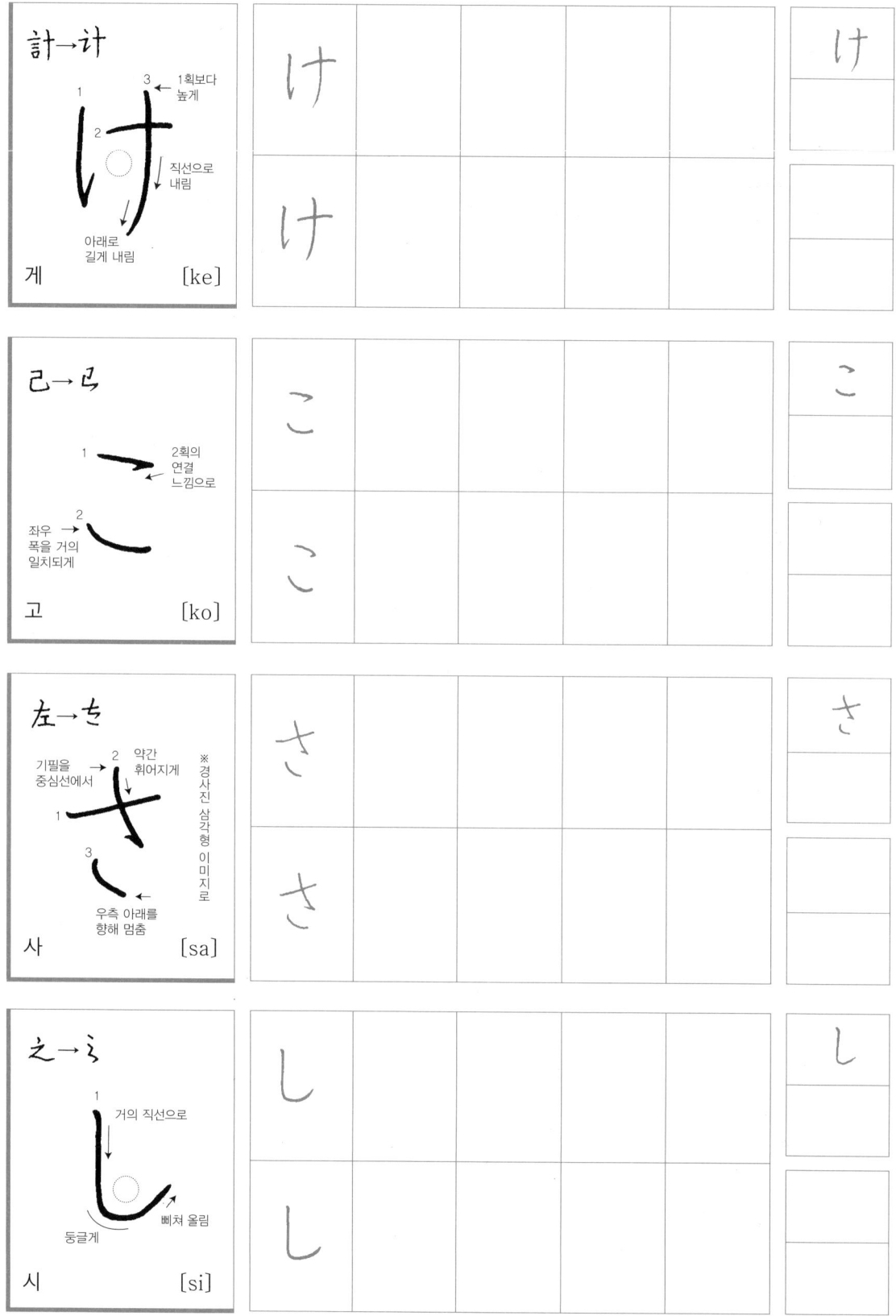

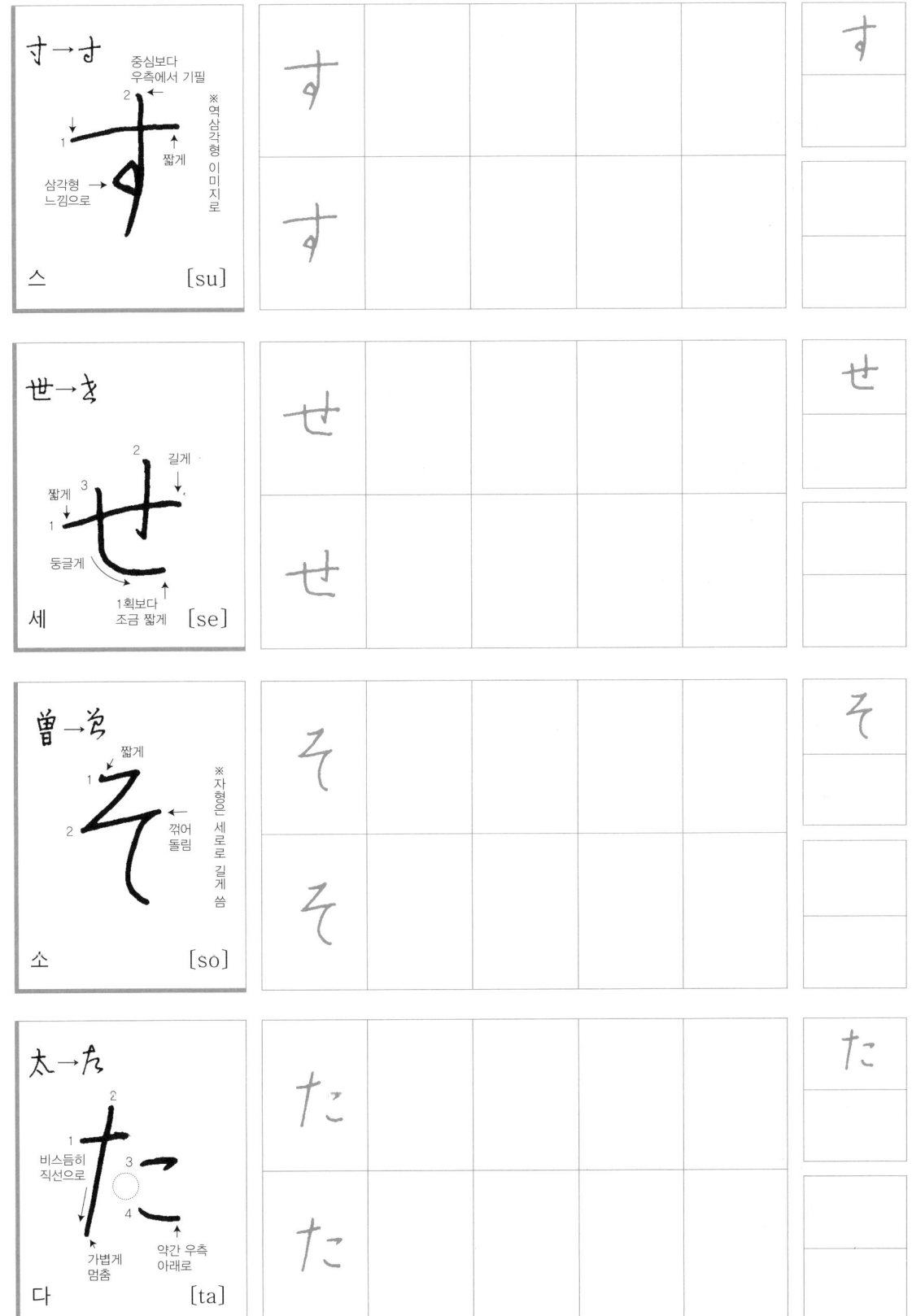

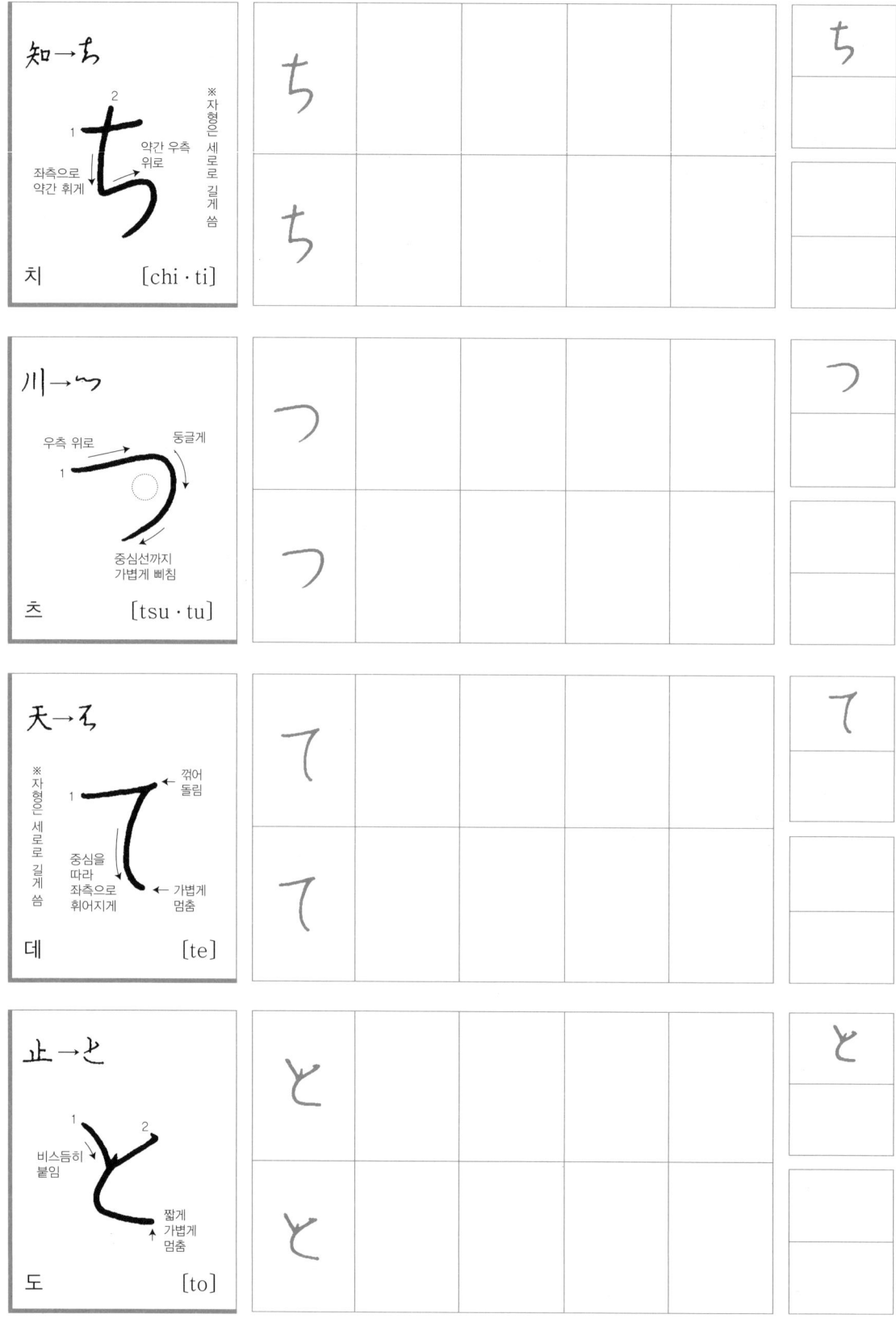

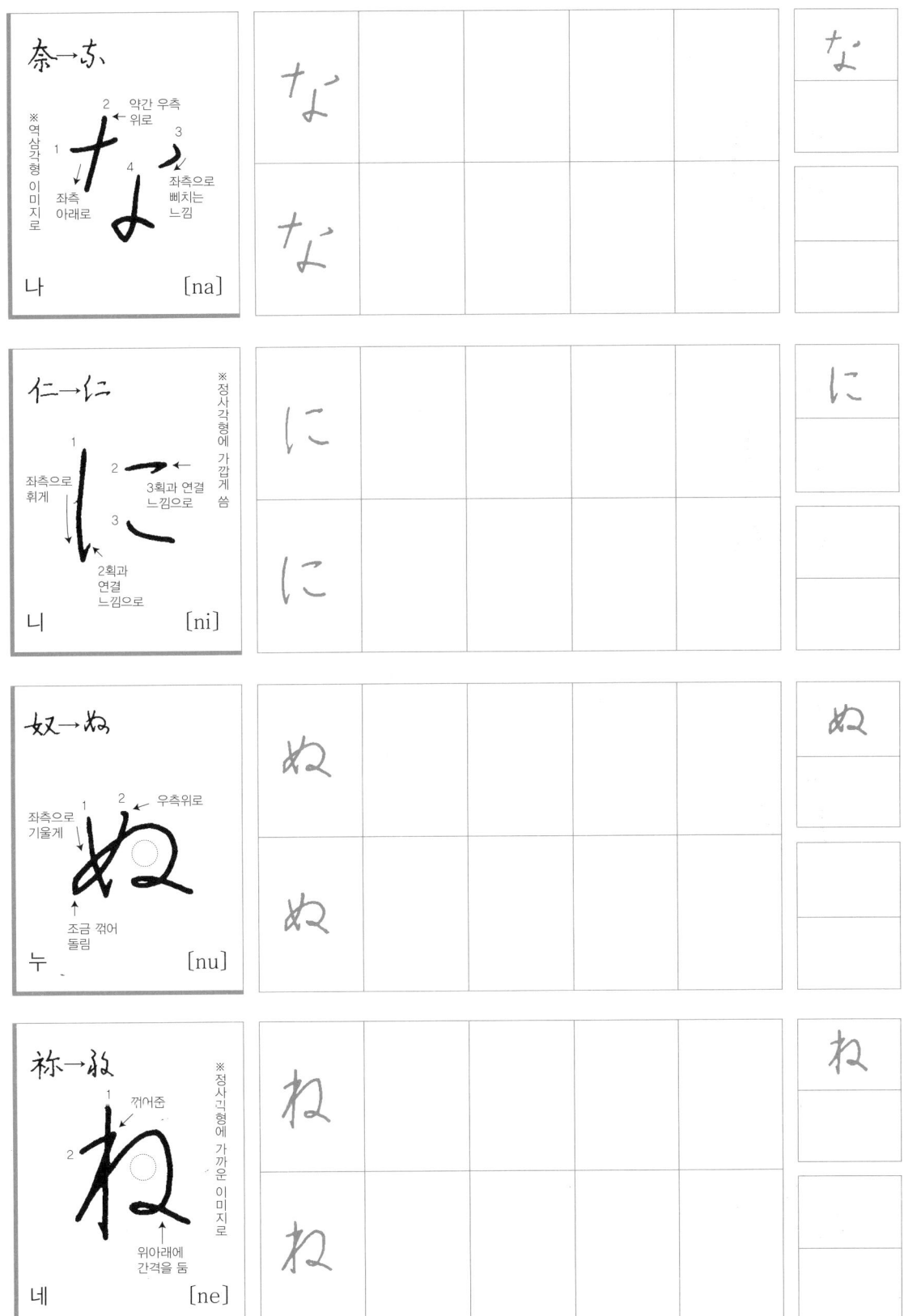

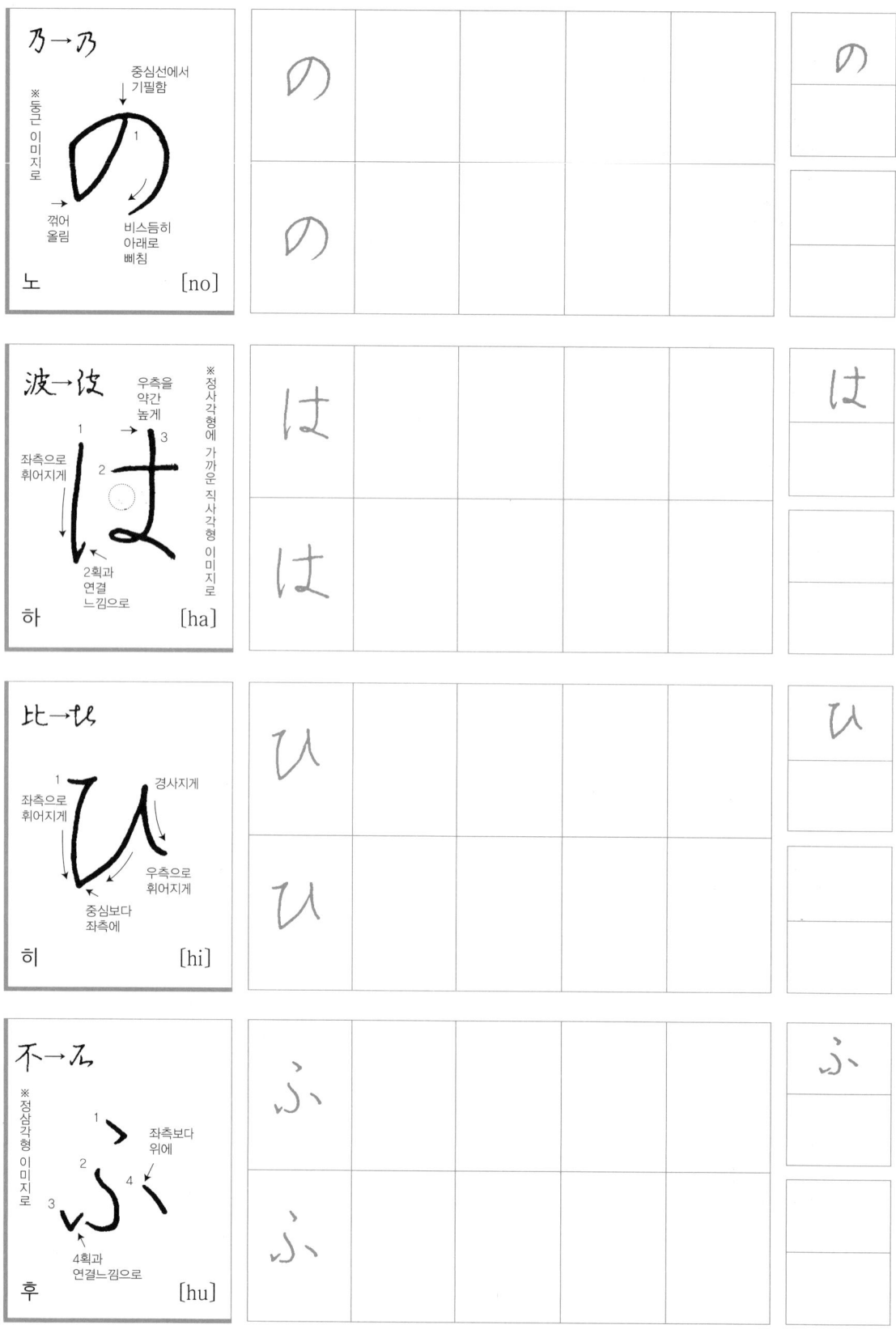

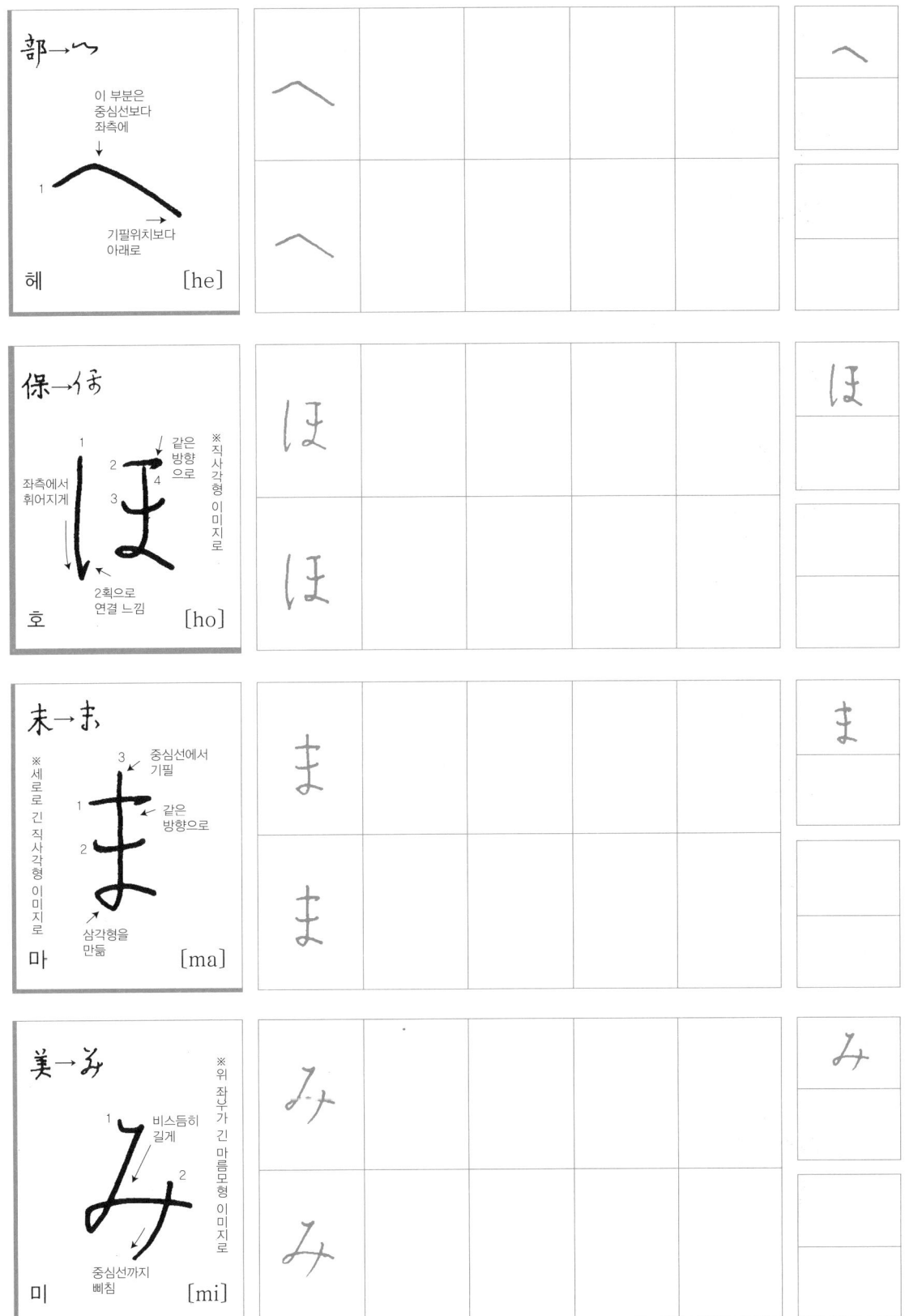

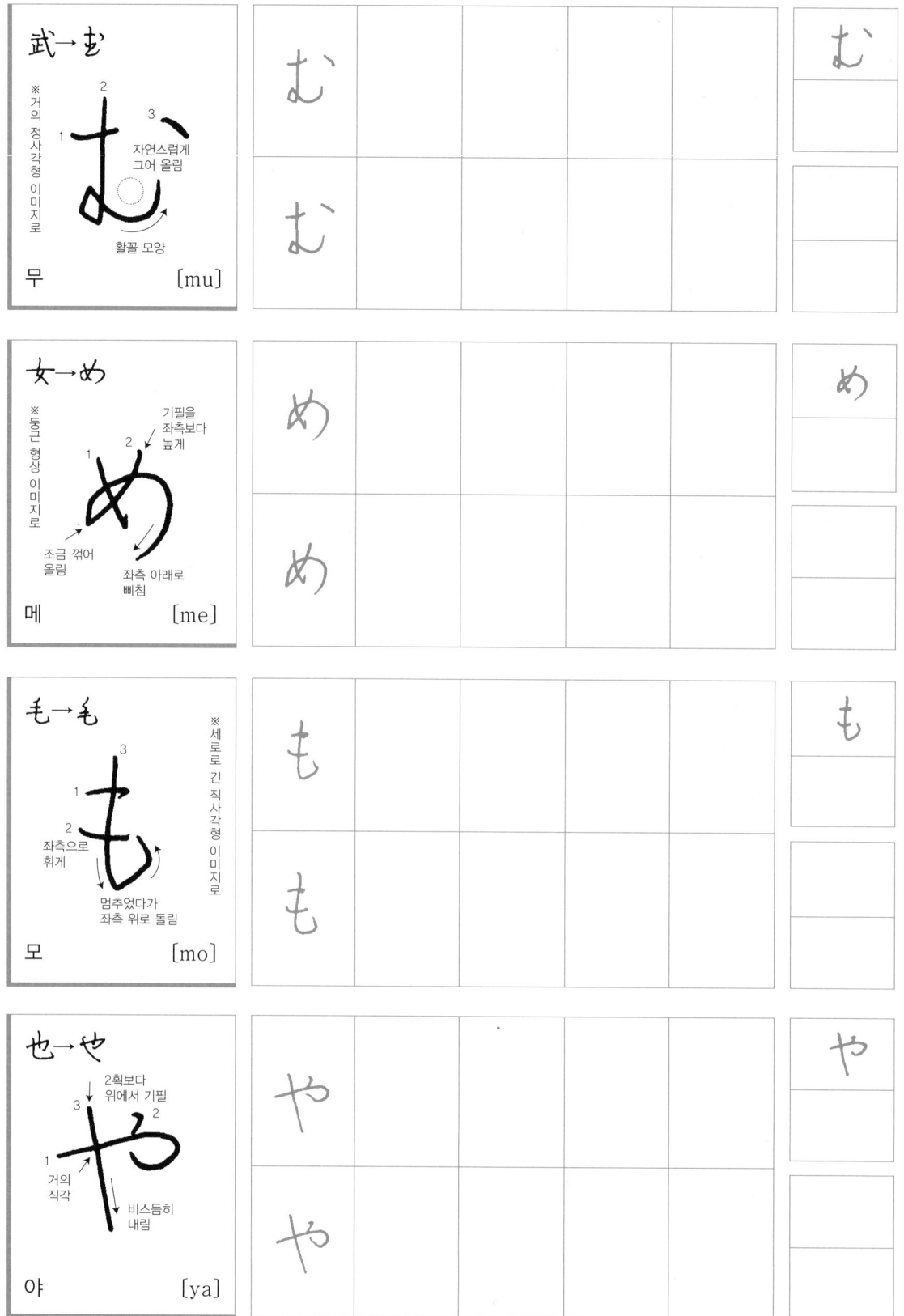

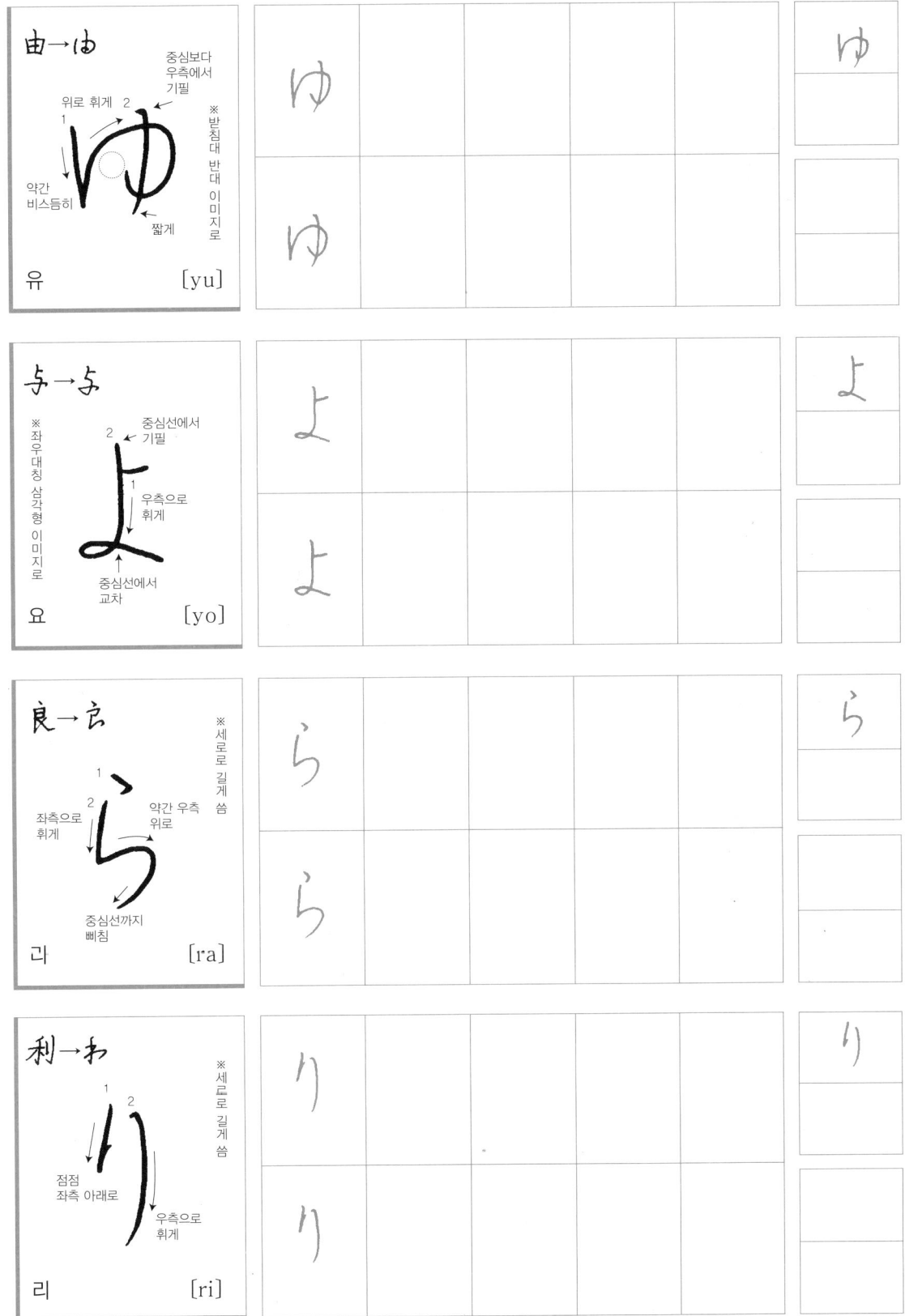

| 가타카나 쓰기 |

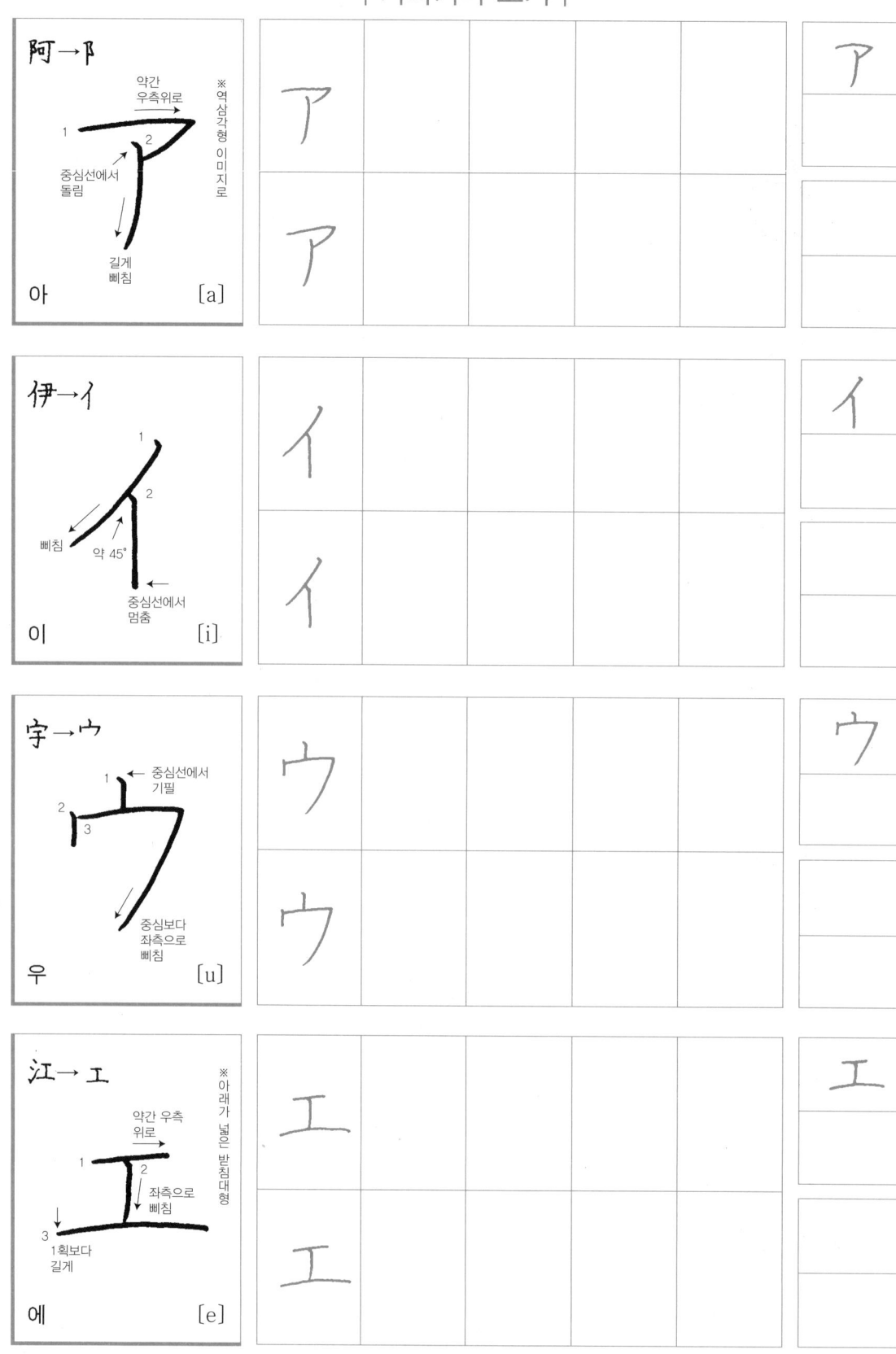

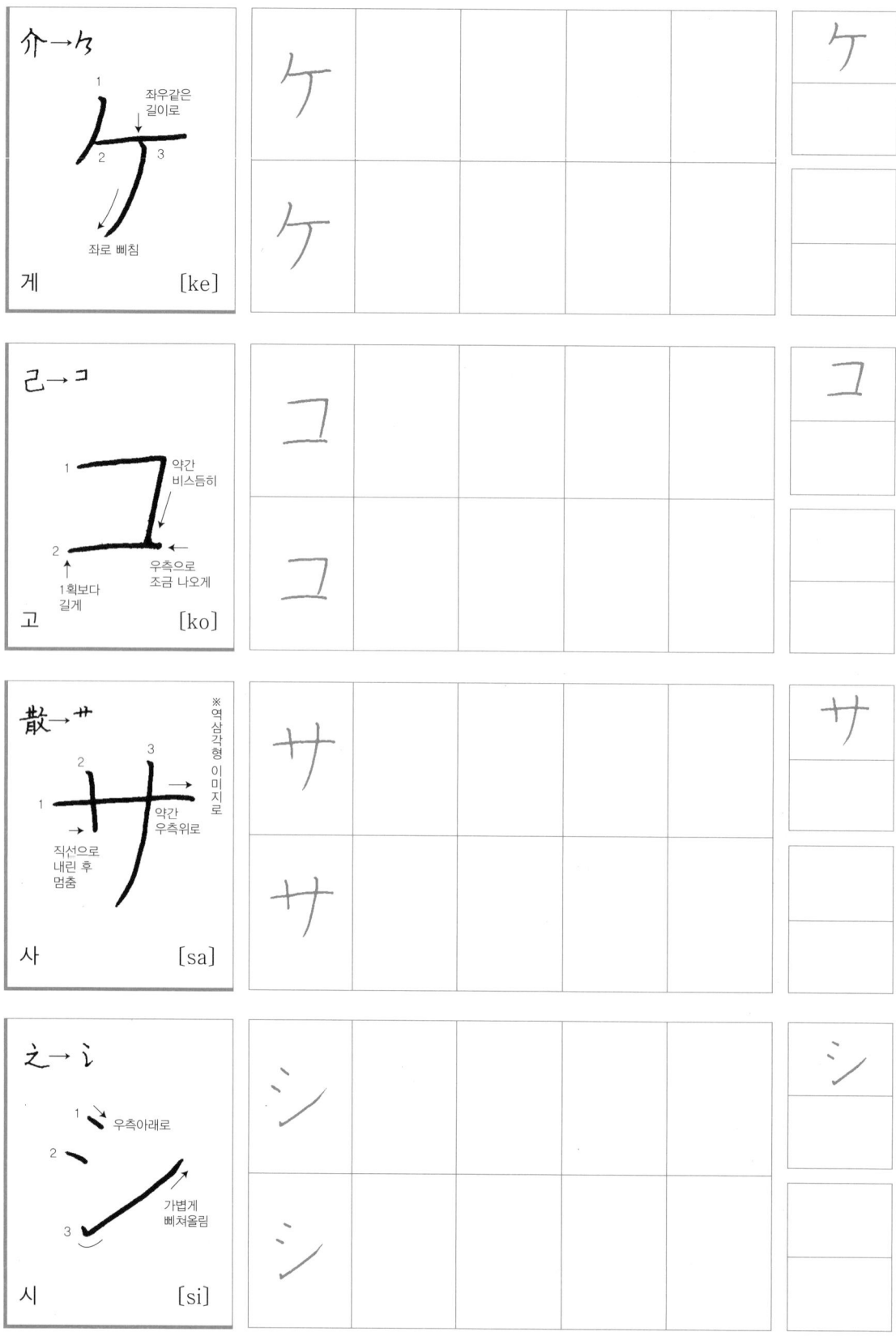

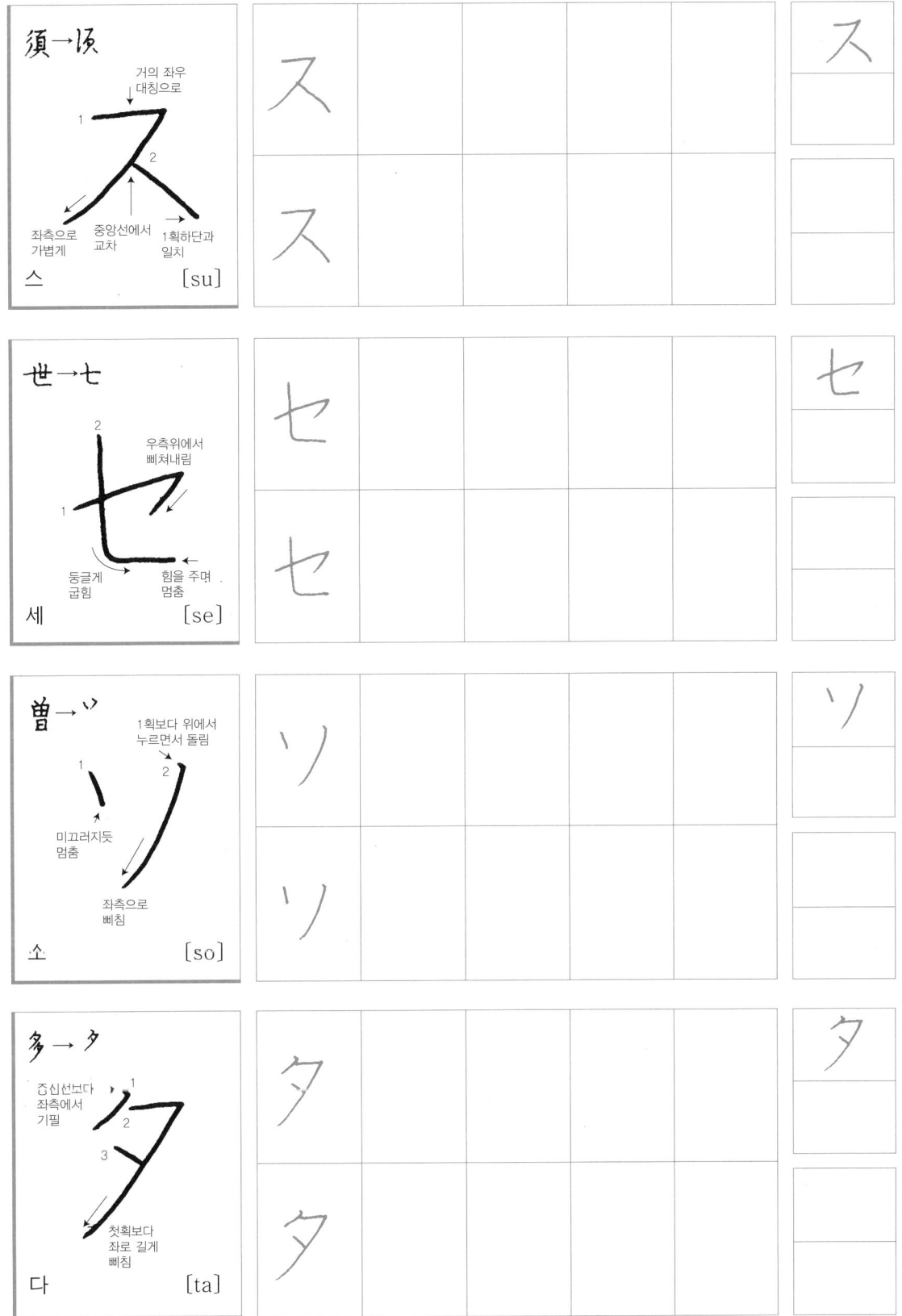

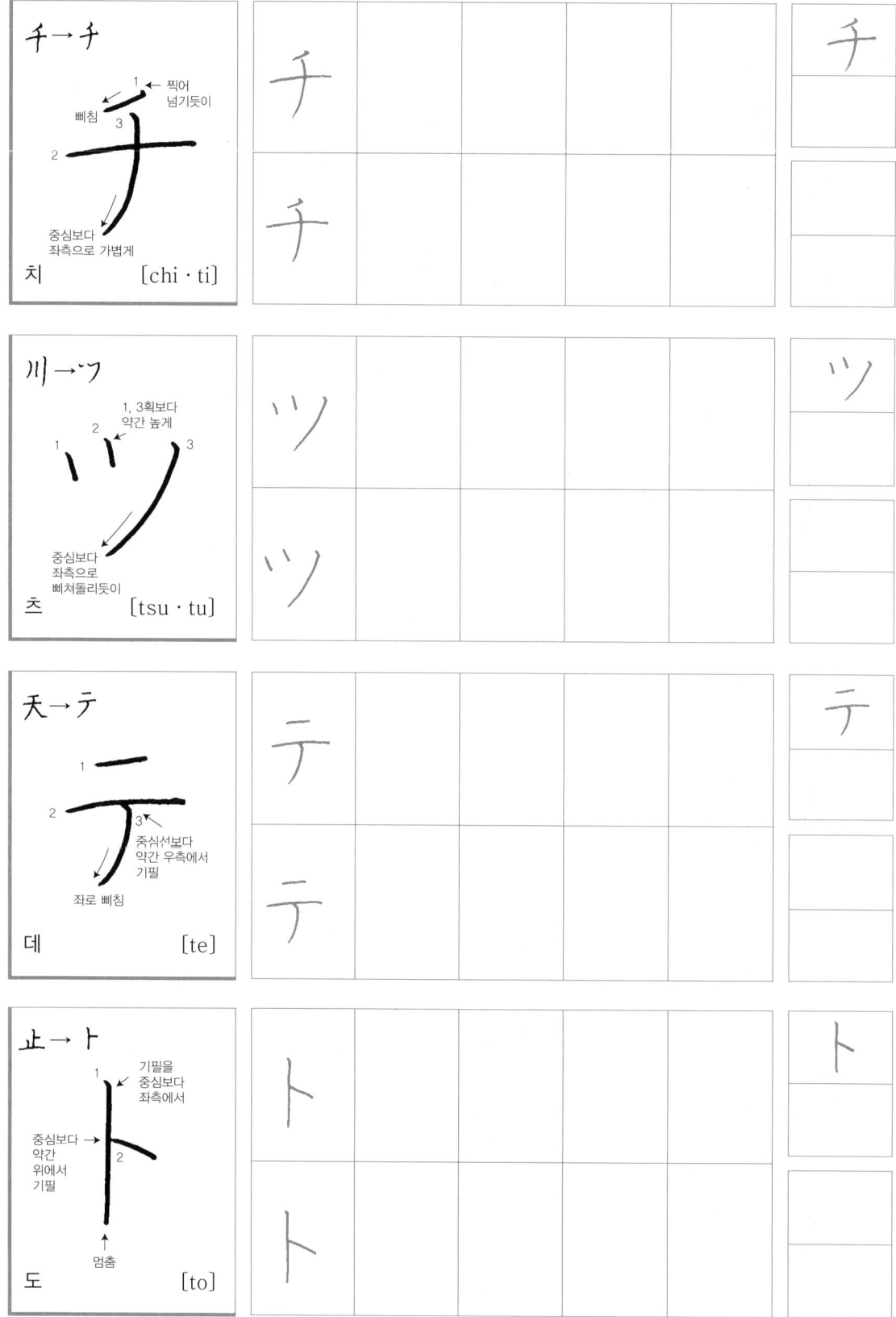

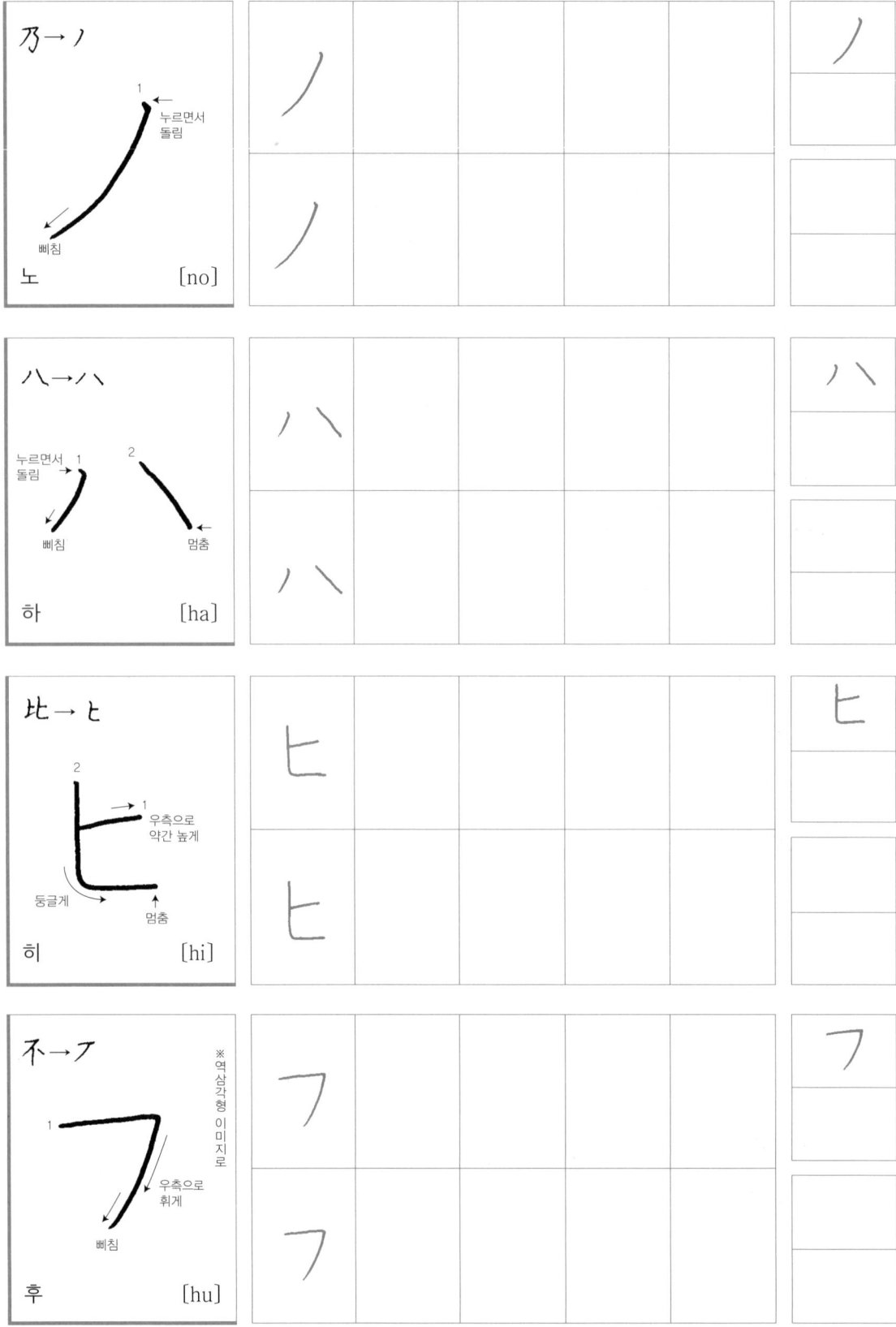

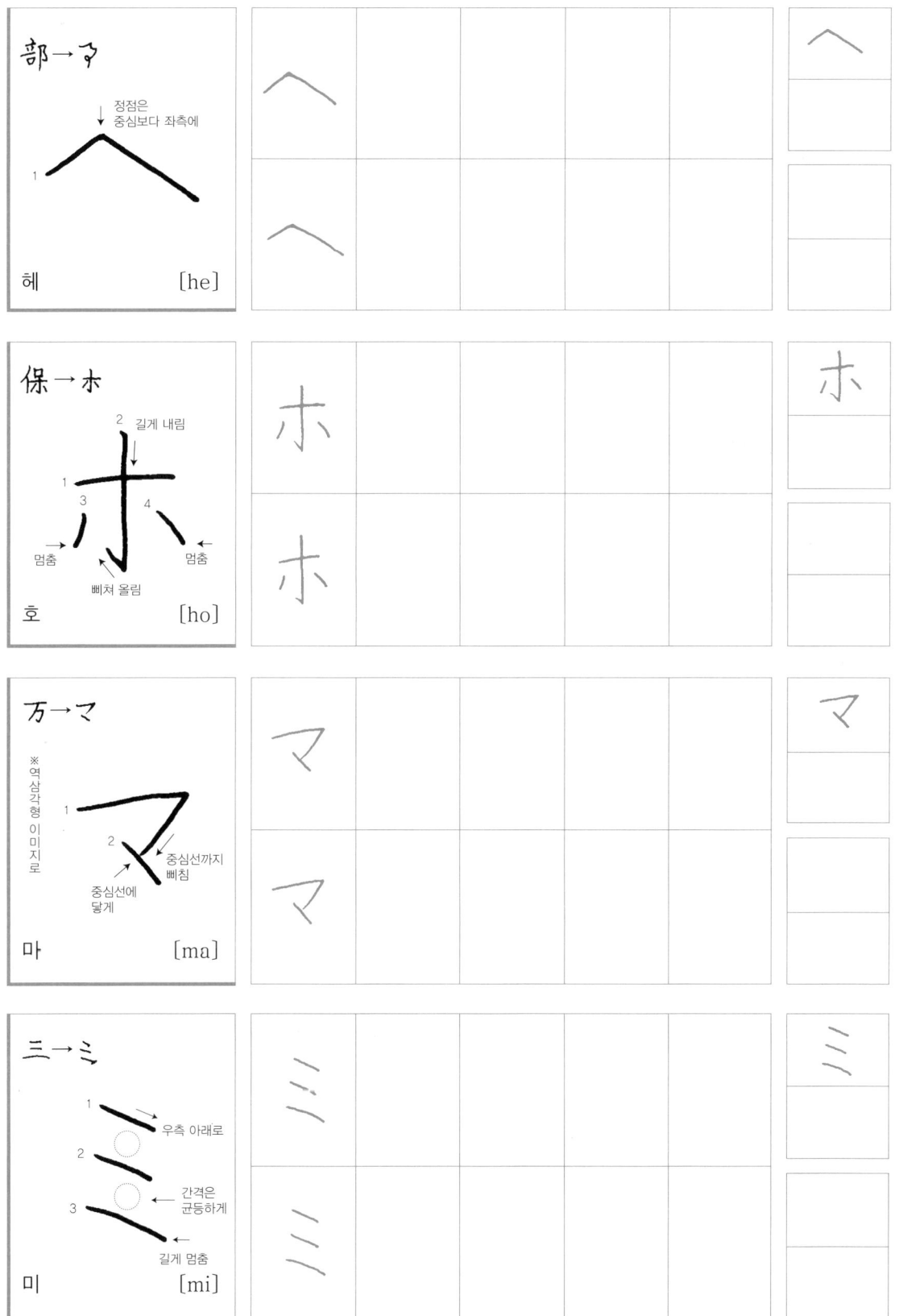

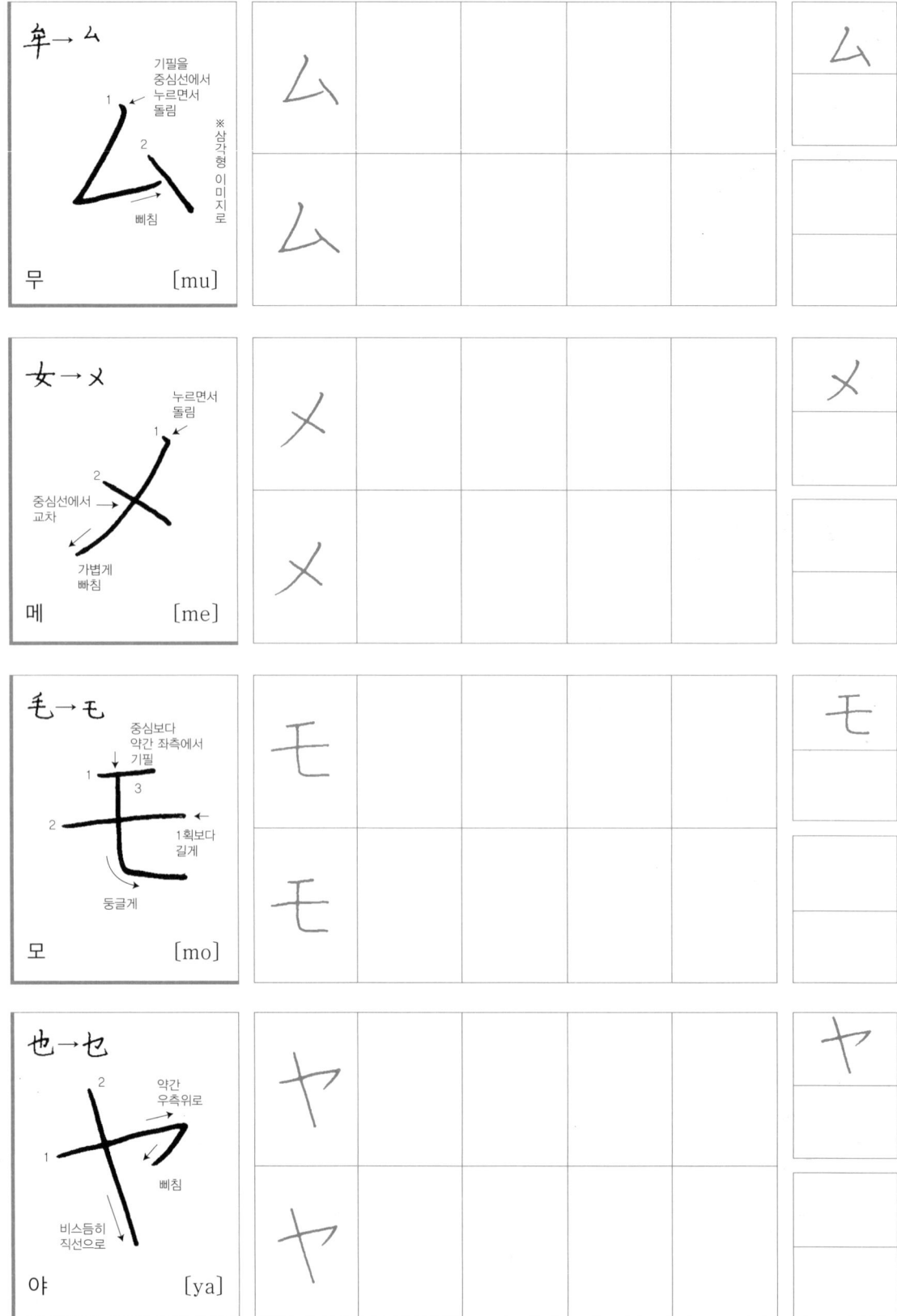

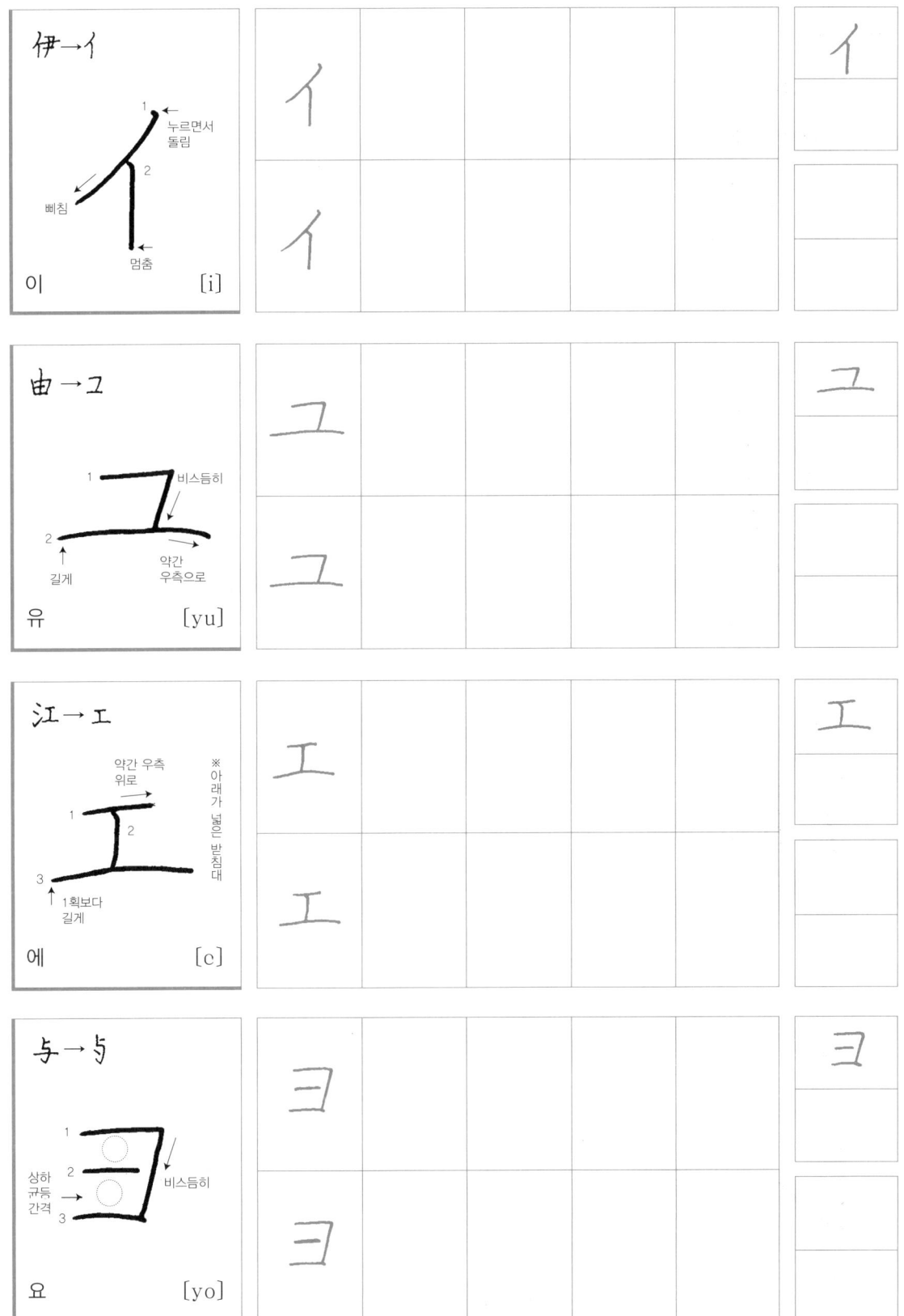

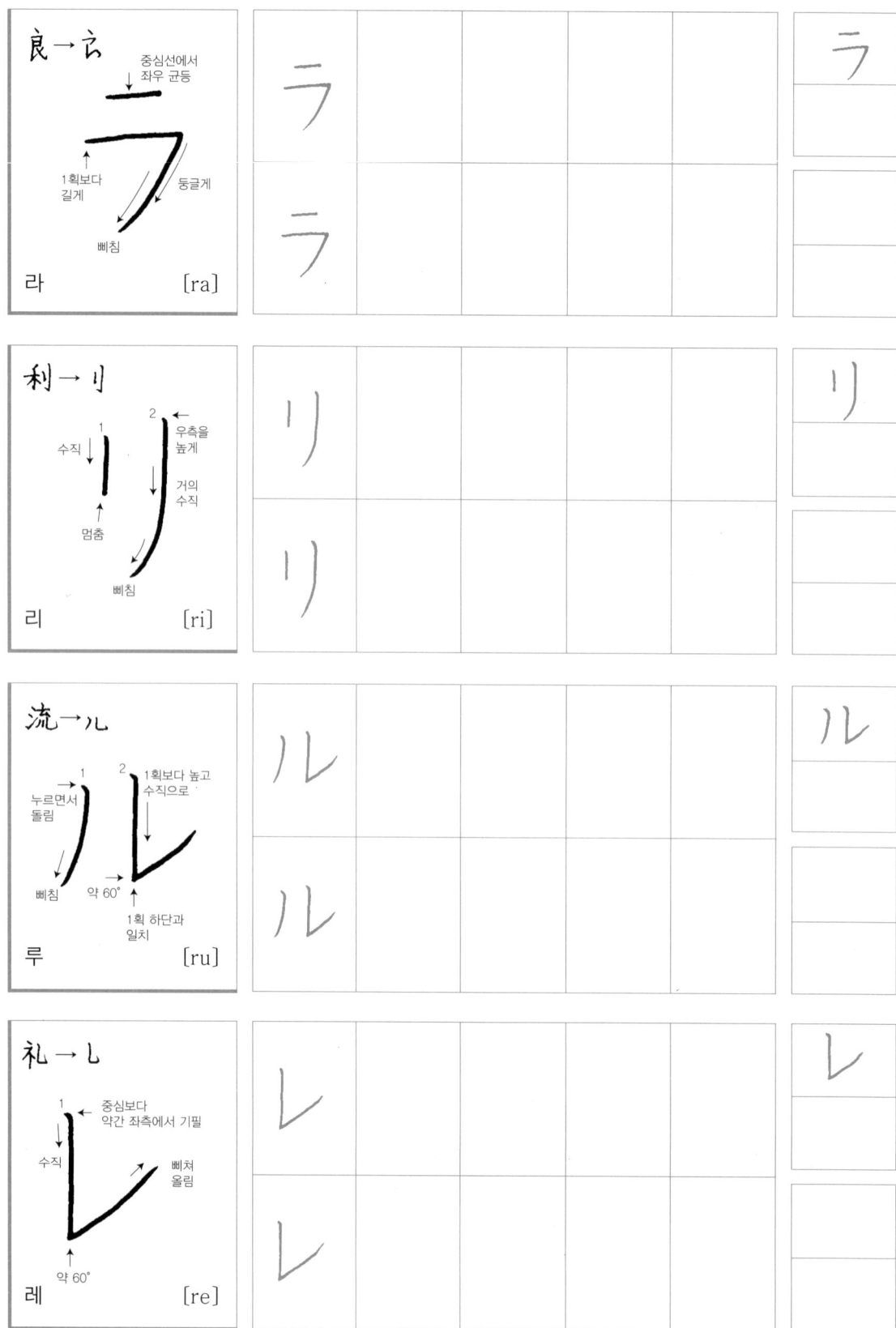

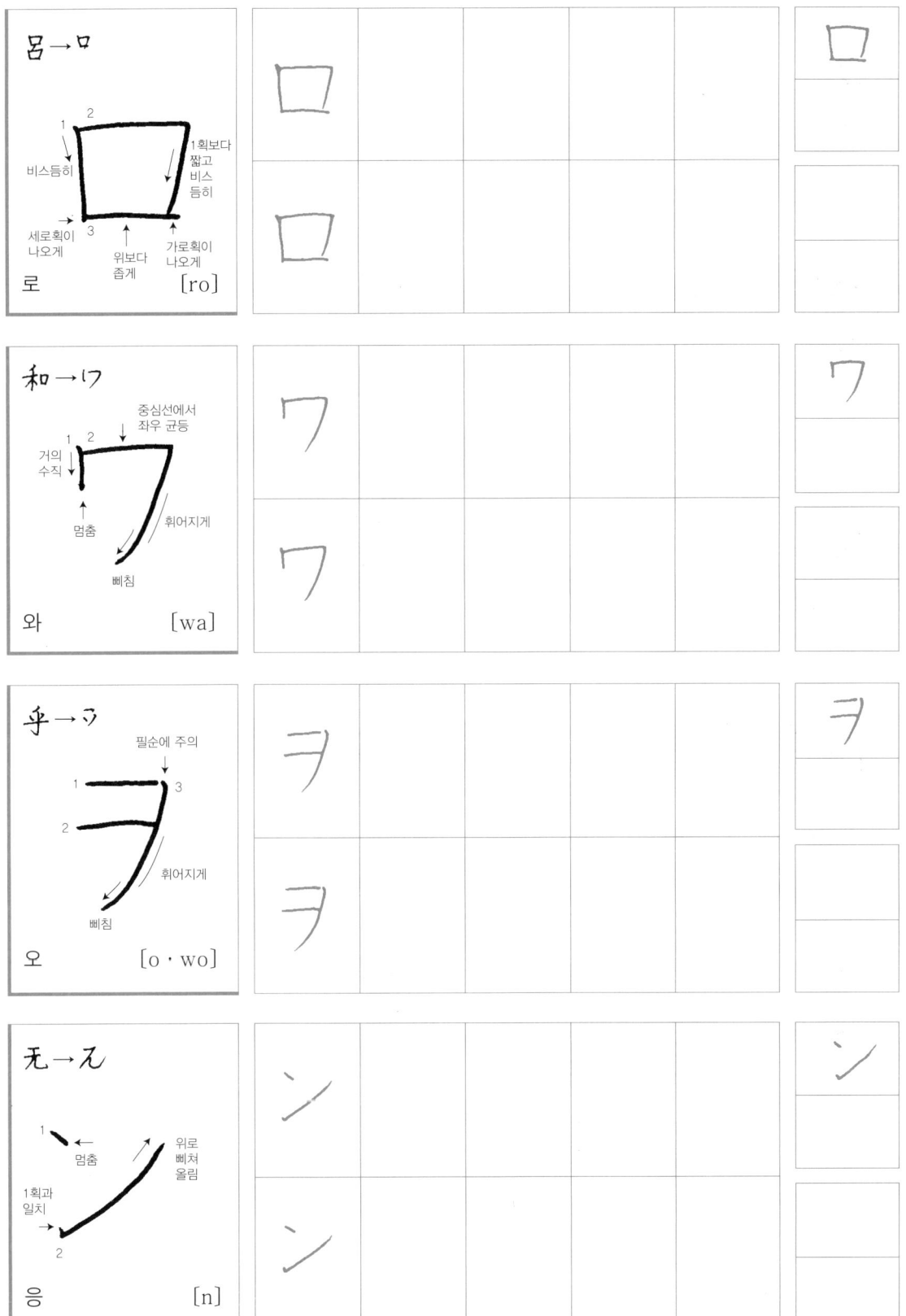

다쿠옹 〔濁音〕 쓰기

가 [ga]	자 [za]
기 [gi]	지 [zi]
구 [gu]	즈 [zu]
게 [ge]	제 [ze]
고 [go]	조 [zo]

濁音과 清音의 비교

がく [学]	かく [殼]	ざい [材]	さい [才]
ぎふ [義父]	きふ [肌膚]	じひ [自費]	しひ [詩碑]
ぐん [軍]	くん [勳]	ずし [図示]	すし [寿司]
げい [芸]	けい [京]	ぜん [善]	せん [線]
ごと [每]	こと [古都]	ぞう [象]	そう [草]

だい	[台]	たい	[対]
ちぢ	[千千]	ちち	[乳]
つづ	[十]	つつ	[筒]
でいさ	[泥沙]	ていさ	[艇差]
どく	[毒]	とく	[徳]

ばか	[馬鹿]	はか	[墓]
びら	[伝単]	ひら	[平]
ぶた	[豚]	ふた	[蓋]
べんり	[弁理]	へんり	[偏理]
ぼう	[棒]	ほう	[方]

다쿠옹 쓰기 (가타카나)

ガ 가 [ga]	ザ 자 [za]
ギ 기 [gi]	ジ 지 [zi]
グ 구 [gu]	ズ 즈 [zu]
ゲ 게 [ge]	ゼ 제 [ze]
ゴ 고 [go]	ゾ 조 [zo]

ガス	[gas・瓦斯]	가스
ギプス	[gips]	깁스
グラフ	[graph]	그래프
ゲリラ	[guerrilla]	게릴라
ゴリラ	[gorilla]	고릴라

ザイル	[seil・독]	자일
ジプシー	[gipsy]	집시
ズボン	[jupon]	양복바지
ゼウス	[Zeus]	제우스
ゾーン	[zone]	지대

ダィン	[dyne]	다인. 힘의 단위.
パッヂ	[badge]	휘장
デカー	[deca]	데카. 무게의 단위.
ドラゴン	[dragon]	드래건. 용.
ドミノ	[domino]	도미노

バケツ	[bucket]	양동이
ビール	[bier]	비이르. 맥주.
ブラシ	[brush]	브러시. 솔.
ベルト	[belt]	벨트
ボータイ	[bow tie]	보우타이. 나비 넥타이.

| 한다쿠옹 쓰기 |

ぱ 파	ぱ				ぺ 페	ぺ			
パ pa	パ				ペ pe	ペ			

ぴ 피	ぴ				ぽ 포	ぽ			
ピ pi	ピ				ポ po	ポ			

ぷ 푸	ぷ			
プ pu	プ			

| 요-옹 쓰기 |

きゃ 갸·kya	きゃ			ひゃ 햐·hya	ひゃ		
きゅ 규·kyu	きゅ			ひゅ 휴·hyu	ひゅ		
きょ 교·kyo	きょ			ひょ 효·hyo	ひょ		

しゃ 샤·sya	しゃ			みゃ 먀·mya	みゃ		
しゅ 슈·syu	しゅ			みゅ 뮤·myu	みゅ		
しょ 쇼·syo	しょ			みょ 묘·myo	みょ		

ちゃ 챠·cha	ちゃ			りゃ 랴·rya	りゃ		
ちゅ 츄·chu	ちゅ			りゅ 류·ryu	りゅ		
ちょ 쵸·cho	ちょ			りょ 료·ryo	りょ		

にゃ 냐·nya	にゃ		
にゅ 뉴·nyu	にゅ		
にょ 뇨·nyo	にょ		

* 발음은 ヘボン式과 日本式 혼합 표기.

단 어 쓰 기

あさ [아사·asa]	아침	
あす [아스·asu]	내일	
あめ [아메·ame]	비-雨	
あたま [아타마·atama]	머리	
いえ [이에·ie]	집	
いぬ [이누·inu]	개-犬	
いか [이카·ika]	오징어	
いす [이스·isu]	의자	
いま [이마·ima]	지금	
うえ [우에·ue]	위-上	
うし [우시·ushi]	소-牛	
うま [우마·uma]	말-馬	
うみ [우미·umi]	바다-海	
うた [우타-·uta]	노래	
うんどう [운도-·undô]	운동	
えき [에키·eki]	역-駅	
えんそく [엔소쿠·ensoku]	소풍	
おんな [온나·onna]	여자	
おさ [오사·osa]	우두머리-長	
おか [오카·oka]	육지	
おけ [오케·oke]	나무통-桶	

かお [가오・kao]	얼굴	
かさ [가사・kasa]	우산	
かっこ [각코・kakko]	괄호	
かた [가타・kata]	어깨	
きた [기타・kita]	북쪽	
きもの [기모노・kimono]	일본옷	
きのう [기노-・kinô]	어제	
きって [깃테・kitte]	우표	
くち [구치・kuchi]	입-口	
くつ [구쓰・kutsu]	구두	
くに [구니・kuni]	나라	
くるま [구루마・kuruma]	자동차	
くすり [구스리・kusuri]	약	
けしき [게시키・keshiki]	풍경	
けさ [게사・kesa]	오늘 아침	
こい [고이・koi]	잉어	
こめ [고메・kome]	쌀-米	
こころ [고코로・kokoro]	마음	
こし [고시・koshi]	허리	
ことし [고토시・kotoshi]	금년	
さかな [사카나・sakana]	생선	

さけ [사케・sake] 술	
さら [사라・sara] 접시	
さしみ [사시미・sashimi] 생선회	
しあい [시아이・shiai] 시합	
した [시타・shita] 아래-下	
すし [스시・sushi] 초밥	
すな [스나・suna] 모래	
すり [스리・suri] 소매치기	
せき [세키・seki] 좌석	
そら [소라・sora] 하늘	
たて [다테・tate] 세로-縱	
たてもの [다테모노・tatemono] 건물	
ちかてつ [치카테쓰・chikatetsu] 지하철	
つくえ [츠쿠에・tsukue] 책상	
て [데・te] 손	
てんき [뎅키・tenki] 날씨	
とき [도키・toki] 때-時	
とけい [도케이・tokei] 시계	
なし [나시・nashi] 배-梨	
なまえ [나마에・namae] 이름	
なわ [나와・nawa] 새끼-繩	

なみ [나미・nami] 파도	
にく [니쿠・niku] 고기-肉	
にわとり [니와토리・niwatori] 닭	
ぬし [누시・nushi] 주민-主	
ねこ [네코・neko] 고양이	
のりまき [노리마키・norimaki] 김밥	
はな [하나・hana] 꽃	
はこ [하코・hako] 상자	
はし [하시・hashi] 젓가락	
はなし [하나시・hanashi] 이야기	
ひと [히토・hito] 사람	
ひる [히루・hiru] 낮	
ひこうき [히코-키・hikôki] 비행기	
ひも [히모・himo] 끈	
ふね [후네・hune] 배-船	
ふろ [후로・huro] 부록	
ふみきり [후미키리・humikiri] 건널목	
へや [헤야・heya] 방-部屋	
ほし [호시・hoshi] 별	
ほんたて [혼다테・hontate] 책꽂이	
まつ [마쓰・matsu] 소나무	

まり [마리・mari]	공	
みち [미치・michi]	길-道	
みみ [미미・mimi]	귀-耳	
むかし [무카시・mukashi]	옛날	
むし [무시・mushi]	벌레	
めし [메시・meshi]	밥-飯	
もも [모모・momo]	복숭아	
やま [야마・yama]	산-山	
やすみ [야스미・yasumi]	휴일	
ゆき [유키・yuki]	눈-雪	
ゆめ [유메・yume]	꿈	
よる [요루・yoru]	밤-夜	
よこ [요코・yoko]	가로-横	
ようふく [요-후쿠・yôhuku]	양복	
らい [라이・rai]	우레-雷	
らん [랑・ran]	난초	
りく [리쿠・riku]	육지	
るい [루이・rui]	종류	
れき [레키・reki]	달력	
てがみ [데가미・tegami]	편지	
がっこう [각코-・gakkô]	학교	

ちりがみ [치리가미・chirigami]	휴지	
ぐん [궁・gun]	군대	
かげ [가게・kage]	그림자	
たんご [당고・tango]	단어	
りんご [링고・ringo]	사과	
ざっし [잣시・zasshi]	잡지	
じかん [지캉・jikan]	시간	
さじ [사지・sazi]	숟가락	
じたく [지타쿠・jitaku]	자택	
ぜに [제니・zeni]	화폐	
なぞ [나조・nazo]	수수께끼	
ともだち [도모다치・tomodachi]	친구	
しんだい [신다이・shindai]	침대	
なふだ [나후다・nahuda]	이름표	
でんき [뎅키・denki]	전기	
まど [마도・mado]	창문	
ほんばこ [홈바코・honbako]	책장	
こくばん [고쿠방・kokuban]	칠판	
びょういん [뵤-잉・byôin]	병원	
びょうき [뵤-키・byôki]	병	
しんぶん [심붕・shinbun]	신문	

ぼうし [보-시・bôshi] 모자	
はくぼく [하쿠보쿠・hakuboku] 분필	
えんぴつ [엠피쓰・empitsu] 연필	
ぎじゅつ [기주쓰・gijutsu] 기술	
きょう [쿄-・kyô] 오늘	
いしゃ [이샤・isya] 의사	
しゃこ [샤코・syako] 차고	
しゅみ [슈미・shumi] 취미	
しゅじん [슈징・syuzin] 주인	
しょくじ [쇼쿠지・syokuji] 식사	
しょうひん [쇼-힝・syôhin] 상품	
じょし [조시・joshi] 여자	
ちゅうしゃ [추-샤・chûsha] 주사	
ちょきん [초킹・chokin] 저금	
にゃく [냐쿠・nyaku] 하역	
にゅうがく [뉴-가쿠・nyûgaku] 입학	
ひゃくしょう [햐쿠쇼-・Hyakusyô] 백성	
ひょうし [효-시・hyôshi] 표지	
りゃくじ [랴쿠지・ryakuji] 약자-略	
りゅうがく [류-가쿠・ryûgaku] 유학	
りょこう [료코-・ryokô] 여행	

文 型 練 習 1

① <ruby>これ<rt>고 레</rt></ruby> <ruby>は<rt>와</rt></ruby> <ruby>とけい<rt>도 케 이</rt></ruby><ruby>です<rt>데 스</rt></ruby>。
이것은　　　시계입니다.

- は [副助]는 「~은(는)」의 뜻.
  '와'로 발음.
- です [助動]는 「~입니다」의 뜻.
  す는 '스'로 발음.

② <ruby>いぬ<rt>이 누</rt></ruby><ruby>と<rt>토</rt></ruby> <ruby>ねこ<rt>네 코</rt></ruby><ruby>と<rt>토</rt></ruby> <ruby>うし<rt>우 시</rt></ruby><ruby>と<rt>토</rt></ruby> <ruby>うま<rt>우 마</rt></ruby>。
개와　　　고양이와　　소와　　　말.

- と [格助]는 「~와(과)」의 뜻.
- これ(이것), それ(그것), あれ(저것), どれ(어느 것)는 사물을 가리키는 代名詞.

③ <ruby>これ<rt>고 레</rt></ruby> <ruby>は<rt>와</rt></ruby> <ruby>ほん<rt>혼</rt></ruby><ruby>です<rt>데 스</rt></ruby><ruby>か<rt>카</rt></ruby>。
이것은　　　책입니까?

- か [終助]는 의문을 나타내는 「까?」의 뜻.
- か가 단어의 둘째 이후에 오면 「카」로 발음.

④ <ruby>あれ<rt>아 레</rt></ruby> <ruby>は<rt>난</rt></ruby> <ruby>なん<rt>난</rt></ruby>(何)<ruby>です<rt>데 스</rt></ruby><ruby>か<rt>카</rt></ruby>。
저것은　　　무엇입니까?

- 「ん」 다음에 「な・た・だ・さ・ざ・ら」의 각 행의 음이 오면 「ㄴ」 받침이 됨.

⑤ <ruby>こうちゃ<rt>고 ― 차</rt></ruby>(紅茶)<ruby>は<rt>와</rt></ruby> <ruby>どれ<rt>도 레</rt></ruby><ruby>です<rt>데 스</rt></ruby><ruby>か<rt>카</rt></ruby>。
홍차는　　　어느 것입니까?

- 「ㅈ・ㅊ」과 이중모음이 결합한 표기는 쓰지 않음.
  예) みちゅき [미츄끼→미추키]
  こうちゃ [고우챠→고―차]
  じゅんぴつ [쥰삐츠→준피츠]

* P. 44~52까지는 쉬운 문형 익히기와 쓰기연습이므로 문장진행과는 무관합니다. *

文 型 練 習 2

① それは つくえですか, しょくたく(食卓)ですか。
　소레와　쓰쿠에데스카　쇼쿠타쿠　데스카
　그것은　　책상입니까?　　식탁입니까?

- それ(그것)는 사물을 가리키는 代名詞.
- は [助]는 「〜은」의 뜻. '와'로 발음.

② これは あなたの かさです。
　고레와　아나타노　가사데쓰
　이것은　당신의　　우산입니다.

- の [格助]는 「〜의」뜻. 体言사이엔 반드시 씀.
- 「〜です」는 「〜입니다」의 뜻.

③ これは おとうさんの ぼうしでは ありません。
　고레와　오토-상　노　보-시데와　아리마셍
　이것은　아버지의　　모자가　　　아닙니다.

- では는 「〜이(가)」이고, 接続에서는 「그러면」의 뜻.
- 장음 「と」에서는 「う・お」를 씀.

④ それも あなたの かばんですか。
　소레모　아나타노　　가반　데스카
　그것도　당신의　　　가방입니까?

- も [副助]는 다른 것과 같음의 「〜도」의 뜻. 接助는 「〜지만」의 뜻.
- か [終助]는 의문문을 만드는 「〜까?」의 뜻.

⑤ いいえ, それは せんせいの かばんでは ありません。
　이이에　소레와　센세-　노　가반데와　아리마셍
　아니오,　그것은　선생님의　가방이　　아닙니다.

- いいえ [感]는 「아니오」이고 はい는 「네」의 뜻.
- 장음 「せ」에서는 「え・い」를 씀.

45

文 型 練 習 3

① そのかみは きいろいですか。 소노 가미와 기-로이데스카 그 종이는 노랗습니까? 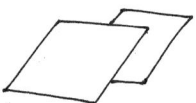	• は [副助]는「~는」의 뜻.'와'로 발음. • き의 장음은 「い」를 씀.
② それは あかい かみでは ありません。 소레와 아카이 가미데와 아리마셍 이것은 빨간 종이가 아닙니다.	• では는 「~가」의 뜻.'데와'로 발음. • ありせん [連語]은「아닙니다」의 뜻.
③ いいえ, この かみは きいろく ありません。 이이에, 고노 가미와 기-로쿠 아리마셍 아니오, 이 종이는 노랗지 않습니다.	• く는 形容詞의 부정으로 어미「い」를「く」로 바꾸고「ありません」으로 연결.
④ この かみは しろくて ながいです。 고노 가미와 시로쿠테 나가이데스 이 종이는 희고 깁니다.	• 체언(体言)을 수식하는 연체사「この, その, あの, どの」는「이, 그, 저, 어느」의 뜻.
⑤ その えんぴつは あかいですか。 소노 엠 피츠와 아카이데스카 그 연필은 빨갛습니까? 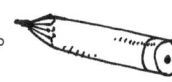	• の [格助]는「~의」뜻. • 「~ですか」는「~입니까?」의 뜻.

文 型 練 習 4

① <u>いいえ</u>, <u>この</u> <u>えんぴつは</u> <u>あかく</u> <u>ありません</u>。
　아니오, 이 연필은 빨갛지 않습니다.

* く는 形容詞의 부정으로 어미「い」를「く」로 바꾸고 부정함.

② <u>あの</u> <u>まんねんぴつは</u> <u>あおいですか</u>。
　저 만년필은 파랗습니까?

* か〔終助〕는 의문을 나타내는「~까?」의 뜻.
* あの〔連体〕는「저」의 뜻.

③ <u>これは</u> <u>あかくも</u> <u>あおくも</u> <u>ありません</u>。
　이것은 빨갛지도 파랗지도 않습니다.

* 「くも」는 두 개의 形容詞「い」를「く」로 바꾸고 동시에 부정하는「~지도」의 뜻.

④ <u>あなたの</u> <u>ボールペンは</u> <u>きいろいですか</u>, <u>あおいですか</u>。
　당신의 볼펜은 노랗습니까, 파랗습니까?

* の〔格助〕는「~의」뜻.

⑤ <u>この</u> <u>はりは</u> <u>みじかくて</u> <u>ふとい</u>です。
　이 바늘은 짧고 굵습니다.

* 連体詞「この, その, あの, どの」는「이, 그, 저, 어느」의 뜻.

文 型 練 習 5

① これは ふとくも ほそくも ありません。
고레와 후토쿠모 호소쿠모 아리마셍
이것은 굵지도 가늘지도 않습니다.

- くもは 두 개의 形容詞를 동시에 부정하는 「~지도」의 뜻.

② いいえ, それは ながく ありません。
이이에, 소레와 나가쿠 아리마셍
아니오, 그것은 길지 않습니다.

- ありません은 「あります」의 부정.
- 形容詞의 어미 「い」를 「く」로 바꾸고 부정함.

③ この ひとは こうこうせいでは ありません。
고노 히토와 고-코-세-데와 아리마셍
이 사람은 고교생이 아닙니다.

- ~では [助]는 「~이(은)」의 뜻.
- 「せ」의 장음 「え·い」가 오면 「ê(에-)」로 발음.

④ その かたは だれですか。
고노 가타와 다레데스카
그 분은 누구입니까?

- かた [名]는 사람을 가리키는 「분」의 뜻. 名詞는 助詞를 수반하며, 사물의 이름을 나타냄.

⑤ この ひとは わたしの せんぱいで せんせいです。
고노 히토와 와타시노 셈파이데 센세-데스
이 사람은 저의 선배이고 선생님입니다.

- で [助動]는 「~이고」의 뜻. [格助]는 「~에」의 뜻.

文型練習 6

① <u>わたしは</u> <u>せんせいでも</u> <u>がくせいでも</u> <u>ありません</u>。
　　와타시와　센세ー데모　가쿠세ー데모　아리마셍
　　나는　　　선생도　　　학생도　　　　아닙니다.

- でも [副助]는 助動詞 'で'에 副助詞 'も'가 합쳐져 두 名詞를 동시에 부정하는 「~도」의 뜻.

② <u>げんかんは</u> <u>こちらでは</u> ありません。
　　겡캉와　　　고치라데와　　아리마셍
　　현관은　　　이쪽이　　　　아닙니다.

- 받침에서 「か・が」의 행이 오면 「ㅇ」이 됨.
- ~では [助]는 「~이, ~는」의 뜻.

③ <u>この</u> <u>ひとは</u> <u>かいしゃいんで</u> <u>あの</u> <u>かたは</u> <u>せんせいです</u>。
　　고노　히토와　　가이샤　인　데　아노　가타와　센세ー데스
　　이　사람은　　회사원이고　　　저　분은　　선생님입니다.

- は [副助]는 「~은(는)」의 뜻. '와'로 발음.
- 連体詞「この」는 「이」의 뜻.

④ <u>こちらが</u> <u>ぎんこうで</u>, <u>あちらは</u> <u>こうどうです</u>。
　　고치라가　깅코ー데　아치라와　코ー도ー데스
　　이쪽이　　은행이고,　저쪽은　　강당입니다.

- で [格助]는 장소, 시간의 「~이고」의 뜻.
- が [格助]는 主格을 나타내는 「~이」의 뜻.

⑤ <u>げんかんは</u> <u>どちらですか</u>。
　　겡캉와　　　도치라데스카
　　현관은　　　어느 쪽입니까?

- ち는 「치」로, ぢ는 「지」로 발음.
- が가 둘째 이후엔 「ŋ」으로 발음하기도 함.
  예) かがみ [가가미→강아미]

49

文 型 練 習 7

① <u>わたし</u>(私)の <u>つくえ</u>(机)は とても <u>おお</u>(大)きいです。
　와타시　　　노　쓰쿠에　　와　도테모　오오　　키-데스
　저의　　　　　책상은　　　　아주　　큽니다.

- わたし [代名詞]는 「나(저)」의 뜻.
- は [助]는 '와'로 발음.

② この えんぴつは とても <u>なが</u>(長)いです。
　고노 엠피츠와 도테모 나가 이데스
　이　연필은　　아주　　깁니다.

- て가 둘째 이후에 오면 '테'로, た·と는 '타·토'로 발음.

③ この へやの <u>なか</u>(中)には なにも ありません。
　고노 헤야노 나카 니와 나니모 아리마셍
　이　방(의)　안에는　아무것도　없습니다.

- には는 [格助(に)] + [副助(は)]이며, 장소의 「~에는」의 뜻.

④ この へやは <u>ひろ</u>(広)くて とても いいです。
　고노 헤야와 히로 쿠테 도테모 이이데스
　이　방은　　넓어서　아주　　좋습니다.

- て [接続助]는 「~(해)서」로 작용이 어떤 이유로 행해짐을 나타내며 形容詞가 「て」에 연결될 때는 「い」는 「く」로 바뀜.

⑤ <u>おとうと</u>(弟)の へやは <u>みなみ</u>(南)むきで, ひあたりが とでも いいです。
　오토-토　　　노 헤야와 미나미　　　무키데 히아타리가 도테모 이이데스
　남동생의　　　방은　남향이라서,　햇빛이　　매우 잘 듭니다.

- で [格助]는 「~라서」의 뜻.
- が [格助]는 「~이(가)」의 뜻.

50

文 型 練 習 8

① ももは おお(大)きい かごの なか(中)に たくさん あります。
　복숭아는 큰 바구니의 안에 많이 있습니다.

　~に [格助]
　는 장소를
　나타내는
　「~에」의 뜻.

② なしは たくさん ありますが, りんごは ひと(一)つしか ありません。
　배는 많이 있지만, 사과는 한 개밖에 없습니다.

　が [接助]는
　말끝을 맺지
　않은 「~만」
　의 뜻.

③ ぶどうも あります。また バナナも あります。
　포도도 있습니다. 또 바나나도 있습니다.

　• あります(있습니다)의 부정
　은 ありません(없습니다)
　이며, 사람이나 동물에
　는 「います」를 씀.
　• も [副]는 「~도」의 뜻.

④ しんぶんは あります。しかし, ボールペンは ありません。
　신문은 있습니다. 그러나, 볼펜은 없습니다.

　• 외래어에서의
　장음은 선
　「ー」을
　긋는다.

⑤ この おお(大)きい はこ(箱)の なか(中)には なに(何)が ありますか。
　이 큰 상자(의) 안에는 무엇이 있습니까?

　• が [格助]는
　「~이(가)」의
　뜻.

文 型 練 習 9

① <u>おんなは</u> <u>ごにん</u>(5人) いますが <u>おとこは</u> <u>よにん</u>(4人)しか いません。
여자는   5명   있습니다만   남자는   4명밖에   없습니다.

② <u>おかげで</u> <u>としの</u> <u>せいかつも</u> <u>ゆたかに</u> <u>なりました</u>。
덕분에   도시의   생활도   풍요해   졌습니다.

- で [格助] 는 「~에」의 뜻.
- も [副] 는 「~도」의 뜻.

③ <u>あなたは</u> <u>なんじに</u> <u>ソウルへ</u> <u>い</u>(行)<u>きますか</u>。
당신은   몇 시에   서울로   갑니까?

- へ [格助] 는 동작·작용이 그 방향으로 행해짐을 나타내는 「로」의 뜻. '에'로 발음.

④ <u>うちから</u> <u>ソウルまでは</u> <u>バスで</u> <u>い</u>(行)<u>きますか</u>。
집에서   서울까지는   버스로   갑니까?

- ~から [格助] 는 장소·시간의 기점 「~에서」의 뜻.
- ~までは「~까지」의 뜻.

⑤ <u>あなたは</u> <u>おととい</u> <u>どこか</u>(何処)<u>へ</u> <u>い</u>(行)<u>きましたか</u>。
당신은   그저께   어디(에)   가셨습니까?

- いきましたかは「가셨습니까?」이고 いきましたは「가셨습니다」임.

文型練習 10

① <ruby>きって<rt>깃 데 와</rt></ruby>は <ruby>ろくまい<rt>로쿠마이</rt></ruby>(6枚) <ruby>あります<rt>아리마스</rt></ruby>が <ruby>ふうとう<rt>후-토-와</rt></ruby>は <ruby>ごまい<rt>고마이</rt></ruby>(5枚)しか <ruby>ありません<rt>시카 아리마셍</rt></ruby>。
  우표는 6장 있습니다만 봉투는 5장밖에 없습니다.

② <ruby>つくえ<rt>쓰쿠에</rt></ruby>(机)の <ruby>うえ<rt>우에</rt></ruby>(上)に <ruby>ある<rt>니 아루</rt></ruby> <ruby>あつい<rt>아츠이</rt></ruby> <ruby>ほん<rt>홍</rt></ruby>(本)は <ruby>なん<rt>와 난</rt></ruby> <ruby>さつですか<rt>사츠데스카</rt></ruby>。
  책상(의) 위에 있는 두꺼운 책은 몇 권입니까?

③ <ruby>あなた<rt>아나타</rt></ruby>は <ruby>まいにち<rt>마이니치</rt></ruby> <ruby>なんじ<rt>난 지</rt></ruby>(何時)に <ruby>お<rt>오</rt></ruby>(起)<ruby>きますか<rt>키마스카</rt></ruby>。
  당신은 매일 몇 시에 일어납니까?

- ～に [格助]는 「～에, ～으로」의 뜻.
- まいにち는 「매일, 날마다」의 뜻.

④ <ruby>わたし<rt>와타시</rt></ruby>は <ruby>いつも<rt>이츠모</rt></ruby> <ruby>あさ<rt>아사</rt></ruby>(朝) <ruby>ろくじ<rt>로쿠지</rt></ruby>(六時)<ruby>はん<rt>항</rt></ruby>(半)に <ruby>お<rt>오</rt></ruby>(起)<ruby>きます<rt>키마스</rt></ruby>。
  저는 언제나 아침 6시 반에 일어납니다.

⑤ <ruby>あなた<rt>아나타</rt></ruby>は <ruby>うちから<rt>우치카라</rt></ruby> <ruby>がっこう<rt>각 코-</rt></ruby>(学校)<ruby>まで<rt>마데</rt></ruby> <ruby>あるきますか<rt>아루키마스카</rt></ruby>。
  당신은 집에서 학교까지 걸어갑니까?

- まで [副助]는 동작·작용의 한계점 「～까지」의 뜻.
- から [格助]는 출발점 「～에서」의 뜻.

• 助詞쓰기(口語)

[1] 格助詞 주로 体言에 붙으며, 다른 文節에 대한 관계를 나타냄.		쓰기	⑪ のに	~인에, ~인데도	
① が	~이, ~가		⑫ ば	~라면, ~한다면	
② の	~의, ~의 것		[3] 副助詞 体言·用言을 비롯, 여러 가지 말에 붙어 뒤의 말에 이어짐.		쓰기
③ に	~에, ~에게		① ばかり	~쯤, ~뿐	
④ を	~을(를)		② まで	~까지, ~뿐	
⑤ へ	~에, ~으로		③ だけ	~만, ~뿐	
⑥ と	~와(과), ~(라)고		④ ほど	~가량, ~정도	
⑦ より	~보다, ~밖에		⑤ ぐらい	~만큼(정도, 쯤)	
⑧ から	~부터, ~에서		⑥ など	~등, ~따위	
⑨ で	~(으)로, ~에서		⑦ やら	~인지, ~는지	
[2] 接続助詞 주로 活用 단어에 붙으며, 앞뒤의 文節을 잇는 구실을 함.		쓰기	⑧ は	~은(는)	
① が	~하지만, ~는데		⑨ も	~도, ~이나	
② から	~하니까(~때문에)		⑩ でも	~라도	
③ けれど(も)	~하지만, ~이지만		[4] 終助詞 体言이나 여러 가지 단어에 붙으며, 문장이나 문절 끝에서 의문·감탄을 나타냄.		쓰기
④ し	~도, ~하고		① か (의문, 반문)	~까, ~냐	
⑤ たり(だり)	~하기도 하고		② ぞ (강조)	~이다, ~테다	
⑥ て(で)	~하고, ~하여		③ とも (강조)	~고말고	
⑦ でも(ても)	~하여도, ~지만		④ な (금지, 감탄)	~마라, ~구나	
⑧ と	~하면, 하니		⑤ よ (강조·감동)	~이다, ~요	
⑨ ながら	~하면서, ~지만		⑥ わ (강조·감동)	~군요, ~요	
⑩ ので	~므로, ~때문에		⑦ や (명령·감탄)	~하세, ~구나	

∴ あいさつ [아이사쓰-인사말]

① **아침 인사** 　　오하요-　고자이마스 　**おはよう ございます。** 　　[안녕하십니까. Good morning.] 	· 모든 일본어는 물음표 「?」를 쓰지 않고 구점 「。」을 씀. · 주로 10시 이전에 쓰며, 친구나 아랫사람에게는 「おはよう 안녕」만을 씀. · 「よう」는 「요우」가 아니고 장음 「요-(요오)」로 발음하고 「ます」는 「마스」로 발음.
[쓰기]	
② **낮 인사** 　　곤　니치　와 　**こん(今)にち(日)は。** 　　[안녕하십니까. Good afternoon.] 	· 주로 10시 이후부터 해질 무렵까지 씀. · 「こん」 다음에 「に」가 오면 「ㄴ」 받침. · 「は」가 助詞로 쓰일 때는 모두 「와」로 발음하고 단어 속에서는 「하」로 발음. · 「きょう」를 「今日」로 쓸 수 있으며, 「こんにち」는 「오늘 날」의 뜻이 되기도 함.
[쓰기]	
③ **밤 인사** 　　곤　　방　　와 　**こん(今)ばん(晩)は。** 　　[안녕하십니까. Good evening.] 	· 「こん」 다음에 「ば」가 오면 「ㅁ」 받침이고 「ばん」 다음에 「は」이므로 「ㅇ」 받침. · 밤 인사(Night greeting)로 「저녁 잡수셨습니까」에서도 「こんばんは」를 씀. · ん 다음에 「ぱ, ば, ま」가 오면 「ㅁ」 받침. · ん 다음에 「あ, が, か, は, や, わ」가 오면 「ㅇ」 받침. · ん 다음에 「な, た, だ, ら, さ, ざ」가 오면 「ㄴ」 받침.
[쓰기]	
④ **헤어질 때** 　　사요-나라 　① **さようなら。** 　　[안녕히 계세요(가세요). Good-bye.] 	· 간략하게 「さよなら」로도 쓰며, 보내고 떠나는 사람 구별 없이 공통으로 씀. · 「よう」는 「요우」가 아니고 장음 「요-」로 발음. 장음을 나타낼 때 「あ」단은 「あ」, 「い」단은 「い」, 「う」단은 「う」, 「え」단은 「い·え」, 「お」단은 「お·う」를 써서 길게 발음.
[쓰기]	
사요-나라　고키겡　요- 　② **さようなら, ごきげんよう。** 　　[부디 안녕히 가세요.]	· 간략하게 「ごきげんよう」로도 씀. · 「ごきげん」은 「きげん」의 공손한 표현. · 「よう」는 장음 「요-」로 발음하고 어중의 「き」는 「키」도 발음.
[쓰기]	
데와　오사키　니 시츠레이　시마스 　③ **では, おさき(先)に しつれい(失礼)します。** 　　[그럼, 먼저 실례하겠습니다.]	· では [接]는 「그럼」으로, 구어적인 「じゃ(あ)」의 문어적 표현. · 먼저 행동할 때는 간략하게 「おさき(に)」하면 됨. 「に」는 「~에」의 뜻.

[쓰기]		
④ <ruby>おさき<rt>오 사 키</rt></ruby>(先)に <ruby>どうぞ<rt>니 도 - 조</rt></ruby>。 [먼저 가시죠.]		・「さき」는 「먼저」의 뜻이고, 「どうぞ」는 양보, 권유의 「어서, 자」의 뜻. 영어의 「please」와 비슷함. ・「どう」는 장음 「도-」로 발음.
[쓰기]		
⑤ <ruby>では<rt>데 와</rt></ruby>, <ruby>また<rt>마 타</rt></ruby>。=<ruby>じゃ(あ)<rt>쟈 -</rt></ruby>, <ruby>また<rt>마 타</rt></ruby>。 [그럼, 또 만납시다.]		・「では 그럼」은 「それでは」의 준말로 문어적 표현, 「じゃ(あ) 그럼」은 구어적 표현. ・'ㅈ'과 이중모음이 결합한 표기는 쓰지 않음(쟈→자). 「また」는 「또」의 뜻.
[쓰기]		
⑥ <ruby>じゃ(あ)<rt>자 -</rt></ruby><ruby>ね<rt>네</rt></ruby>。 [자, 그럼 = 그럼 또(만나요).]		・생략하여 「じゃね」로 쓰기도 함. ・「じゃ(あ)」는 장음 「자-」로 발음. ・ね [終助]는 「~요, ~군요」로 문장 끝에서 감동과 친밀감을 나타냄(친한 사이).
[쓰기]		

⑤ 외출할 때

① <ruby>おで<rt>오 데</rt></ruby>(出) <ruby>かけ<rt>가 케</rt></ruby>で <ruby>ございますか<rt>고자이마스카</rt></ruby>。 [외출하십니까?]		・친구나 아랫사람에게는 「おでかけ(ですか)」로 쓰며, 「かけ 가케」와 「すか 스카」로 발음. ・「ます」는 품위, 존경을 나타내고, か [終助]는 문장 끝에서 의문문 「~까?」를 만듦.
[쓰기]		
② <ruby>い<rt>이</rt></ruby>(行)って <ruby>まいります<rt>마이리마스</rt></ruby>。 [다녀오겠습니다.]		・[いってきます]와 「いって く(来)るよ」를 쓰기도 함. 어중 「て」는 「테」로 발음. ・촉음 「っ」 다음에 「ぱ」행은 「ㅂ」, 「か」행은 「ㄱ」, 「さ」행은 「ㅅ」, 「た」행은 「ㄷ」 받침이 됨.
[쓰기]		
③ <ruby>い<rt>이</rt></ruby>(行)って <ruby>いらっしゃいませ<rt>이랏샤이마세</rt></ruby>。 [다녀오십시오.]		・「いって いらっしゃい」로도 쓰며, 「いって」는 「갔다」, 「いらっしゃい」는 「어서 오세요」의 뜻. 「ませ」는 공손한 표현에 씀. 「いらっしゃいませ」는 주로 가게에서 손님을 맞을 때 씀.
[쓰기]		

⑥ 귀가할 때

다 다 이 마　　　가 에　리 마 시 타 ① ただいま(今), かえ(帰)り ました。 　　[다녀왔습니다.]	· 친구나 아랫사람에게는 「ただいま」를 씀. · 「ました ~습니다」는 「ます ~니다」의 과거형. 「た」는 「다」로 발음하고 어중에서는 「타」로 발음.
[쓰기]	
오 카 에　리 나 사 이 마 세 ② おかえ(帰)り なさいませ。 　　[어서 돌아오세요.]	· 「おかえり なさい」로도 쓰며, 친구사이에는 「おかえり」로 씀. · 「か」는 「카」로 발음. · 「ませ」는 공손한 표현을 나타냄.
[쓰기]	

⑦ 처음 만났을 때

하 지 메 마 시 테 ① はじ(初)め まして。 　　[처음 뵙겠습니다.] 	· 「はじめ」는 「처음으로, 비로소」의 뜻이고, 「まして」는 「~습니다」의 뜻. 영어의 초대면 인사 「How do you do?」와 같음. · 일본인들끼리는 보통 「처음으로」라고만 표현함. 어말 「て」는 「테」로 발음.
[쓰기]	
도 - 조　요 로 시 쿠 ② どうぞ よろしく。 　　[잘 부탁드립니다.] 	· どうぞ [副]는 첫 만남의 관용적인 표현으로 「아무쪼록」, よろしく [副]는 「잘」의 뜻. · 「どうぞ よろしく」는 윗사람에게 쓰는 「おねがい します」의 생략형.
[쓰기]	
와 타 시 와　김 민 수 데 스 ③ わたしは キム ミンス です。 　　[저는 김민수입니다.]	· わたし [代名]는 「わたくし 정중한 표현」보다 구어적 표현으로 「나, 저」의 뜻. · は [助]는 「와」로 발음하며, 「~는」의 뜻이고, 「です」는 「~입니다」의 뜻.
[쓰기]	

⑧ 오래간만에 만났을 때

시 바 라　쿠 데 시 타 ① しばら(暫)く でした。 　　[오래간만입니다.] 	· 「しばらく」는 「오래간만, 잠깐」의 뜻이고, 「く」는 「쿠」, 「た」는 「타」로 발음. · 「でした ~이었습니다」는 「です ~입니다」의 과거형이고, 「た 있/었」가 과거에 해당됨. 「です」에 「た」가 되려면 「でし」로 어형이 바뀜.
[쓰기]	

오 히 사 시 부 리 데 스 네 ② おひさ(久)しぶり ですね。 [오래간만이군요.]	・「です」는 「~입니다」의 뜻이고, 「ね [終助]」는 「~요, ~군요」의 뜻으로, 문장 끝에 붙여서 감동과 친밀감을 나타냄.

[쓰기]

⑨ **잠잘 때** 오 야 스 미 나 사 이 おやす(休)み なさい。 [안녕히 주무세요.] 	・「お」는 관용적인 혹은 정중한 표현에 씀. 「やすみ」는 「쉼, 휴식」의 뜻이고, 「おやすみ」는 「잘 자거라」의 뜻. ・친구나 아랫사람에게는 「おやすみ」를 쓰는데 「なさい ~하세요」를 생략한 것임. ・영어의 「Good night」와 같음.

[쓰기]

⑩ **손님이 왔을 때** 이 랏 샤 이 마 세 ① いらっしゃいませ。 [어서 오십시오.] 	・가게에서 손님을 맞을 때 많이 씀. ・간략하게 「いらっしゃい」로도 씀. ・공손한 표현은 「ませ」를 붙이는데 「ませ」는 「ます ~니다」의 명령형. ・촉음 「っ」 다음에 「し」가 오면 「ㅅ」 받침.

[쓰기]

도 - 조 오 스 와 리 구 다 사 이 ② どうぞ おすわ(坐)り ください。 [어서 자리에 앉으십시오.]	・「どうぞ」는 「어서」의 뜻. 친구나 아랫사람에게는 「どうぞ(おすわり)」 로 씀. ・「ください」는 정중한 표현의 「~주십시오」의 뜻.

[쓰기]

⑪ **감사할 때** 아 리 가 토 - 고 자 이 마 스 ① ありがとう ございます。 [고맙습니다.] 	・친구나 아랫사람에게는 「ありがとう 고마워」 만으로도 씀. 정중한 표현은 「ございます」를 씀. 영어의 「Thank you」와 같음. ・「とう」는 장음 「도-」, 「ます」는 「마스」로 발음.

[쓰기]

도 - 모 아 리 가 토 - 고 자 이 마 스 ② どうも ありがとう ございます。 [대단히 감사합니다. = 정말 고맙습니다.]	・どうも [副]는 「정말, 대단히」의 뜻으로, 간략하게 이하는 생략하기도 함. ・「とう」는 「토-」, 「ます」는 「마스」로 발음.

[쓰기]

● 숫자 쓰기(1)

一 아래를 휘게					壱	一
二 위를 휘게 / 아래를 휘게					弐	二
三 위를 휘게 / 직선 / 아래를 휘게					参	三
四 아래로 좁게 / 세로획이 나오게						四
五 위아래 길이 같게 / 아래를 휘게					伍	五
六 붙임 / 길게						六
七 길게 / 짧게						七
八 1획보다 위에 / 1획 하단과 일치						八
九 넓게 / 좁게						九
十 길게 / 짧게					拾	十

| 1 | 2 | 3 | 4 | 5 | 6 | 7 | 8 | 9 | 0 |

숫자 쓰기(2)

一	いち	이치		三十	さんじゅう	산쥬-
二	に	니		四十	よんじゅう	욘쥬-
三	さん	산		五十	ごじゅう	고쥬-
四	し, よん	시, 용		六十	ろくじゅう	로쿠쥬-
五	ご	고		七十	ななじゅう	나나쥬-
六	ろく	로쿠		八十	はちじゅう	하치쥬-
七	しち, なな	시치, 나나		九十	きゅうじゅう	큐-쥬-
八	はち	하치		百	ひゃく	햐쿠
九	く, きゅう	구, 큐-		二百	にひゃく	니햐쿠
十	じゅう	쥬-		三百	さんびゃく	삼뱌쿠
十一	じゅういち	쥬-이치		九百	きゅうひゃく	큐-햐쿠
十二	じゅうに	쥬-니		千	せん	센
十三	じゅうさん	쥬-산		二千	にせん	니센
十四	じゅうし(よん)	쥬-시		三千	さんぜん	산젱
十五	じゅうご	쥬-고		九千	きゅうせん	큐-셍
十六	じゅうろく	쥬-로쿠		一万	いちまん	이치만
十七	じゅうしち(なな)	쥬-시치		十万	じゅうまん	쥬-망
十八	じゅうはち	쥬-하치		百万	ひゃくまん	햐쿠만
十九	じゅうく(きゅう)	쥬-쿠		千万	せんまん	셈망
二十	にじゅう	니쥬-		一億	いちおく	이치오쿠
二十一	にじゅういち	니쥬-이치		0.5	れいてんご	레이텡고

* 撥音「ん」은 숫자의 연속 발음에 의해 「ㅁ·ㄴ·ㅇ」 받침으로 표기함.

• 가족 호칭 쓰기

호 칭	낮춤말(겸양어)	높임말(존대어)	쓰 기
가족(家族)	かぞく 가조쿠	ごかぞく 고가조쿠	
할아버지(祖父)	そふ 소후	おじいさん 오지-상	
할머니(祖母)	そぼ 소보	おばあさん 오바-상	
아버지(父)	ちち 치치	おとうさん 오토-상	
어머니(母)	はは 하하	おかあさん 오카-상	
양친(両親)	りょうしん 료-싱	ごりょうしん 고료-싱	
남편(夫)	おっと 옷토	ごしゅじん 고슈징	
아내(妻)	つま 쓰마	おくさん 오쿠상	
형(兄)	あに 아니	おにいさん 오니-상	
누이(姉)	あね 아네	おねえさん 오네-상	
남동생(弟)	おとうと 오토-토	おとうとさん 오토-토상	
여동생(妹)	いもうと 이모-토	(お)いもうとさん 이모-토상	
형제(兄弟)	きょうだい 교-다이	ごきょうだい 고쿄-다이	
아들(子)	むすこ 무스코	むすこさん 무스코상	
딸(女)	むすめ 무스메	むすめさん 무스메상	
손자(孫)	まご 마고	おまごさん 오마고상	
큰(작은)아버지(伯父)	おじ 오지	おじさん 오지상	
큰(작은)어머니(伯母)	おば 오바	おばさん 오바상	
조카(甥姪)	おい 오이	おいごさん 오이고상	
조카딸(姪女)	めい 메이	めいごさん 메이고상	

● 월별 · 요일 · 날짜 · 시간 쓰기

월별 쓰기 (つき)			土曜日	どようび 도 요 ー 비	
一月	いちがつ 이 치 가 츠		何曜日	なんようび 낭 요 ー 비	
二月	にがつ 니 가 츠		날짜 쓰기(ひ)		
三月	さんがつ 산 가 츠		1日	ついたち 쓰이타치	
四月	しがつ 시 가 츠		2日	ふつか 후츠카	
五月	ごがつ 고 가 츠		3日	みっか 믹 카	
六月	ろくがつ 로 쿠 가 츠		4日	よっか 욕 카	
七月	しちがつ 시 치 가 츠		5日	いつか 이 츠 카	
八月	はちがつ 하 치 가 츠		6日	むいか 무 이 카	
九月	くがつ 구 가 츠		7日	なのか(なぬか) 나 노 카	
十月	じゅうがつ 쥬 ー 가 츠		8日	ようか 요 ー 카	
十一月	じゅういちがつ 쥬 ー 이 치 가 츠		9日	ここのか 고 코 노 카	
十二月	じゅうにがつ 쥬 ー 니 가 츠		10日	とおか 도 ー 카	
何月	なんがつ 낭 가 츠		11日	じゅういちにち 쥬 ー 이 치 니 치	
요일 쓰기(ようび)			12日	じゅうににち 쥬 ー 니 니 치	
日曜日	にちようび 니 치 요 ー 비		13日	じゅうさんにち 쥬 ー 산 니 치	
月曜日	げつようび 게 츠 요 ー 비		14日	じゅうよっか 쥬 ー 욕 카	
火曜日	かようび 가 요 ー 비		15日	じゅうごにち 쥬 ー 고 니 치	
水曜日	すいようび 쓰 이 요 ー 비		16日	じゅうろくにち 쥬 ー 로 쿠 니 치	
木曜日	もくようび 모 쿠 요 ー 비		17日	じゅうしちにち 쥬 ー 시 치 니 치	
金曜日	きんようび 깅 요 ー 비		18日	じゅうはちにち 쥬 ー 하 치 니 치	

* 撥音과 促音 「ん·っ」은 숫자의 연속 발음에 의해 「ㅁ·ㄴ·ㅇ, ㅂ·ㄷ·ㄱ·ㅅ」 받침으로 표기함.

19日	じゅうくにち 쥬-쿠니치		八時	はちじ 하치지	
20日	はつか 하츠카		九時	くじ 구지	
21日	にじゅういちにち 니쥬-이치니치		十時	じゅうじ 쥬-지	
22日	にじゅうににち 니쥬-니니치		十一時	じゅういちじ 쥬-이치지	
23日	にじゅうさんにち 니쥬-산니치		十二時	じゅうにじ 쥬-니지	
24日	にじゅうよっか 니쥬-욕카			分(ふん) 쓰기	
25日	にじゅうごにち 니쥬-고니치		一分	いっぷん 입풍	
26日	にじゅうろくにち 니쥬-로쿠니치		二分	にふん 니 훈(훙)	
27日	にじゅうしちにち 니쥬-시치니치		三分	さんぷん 삼 풍	
28日	にじゅうはちにち 니쥬-하치니치		四分	よんぷん 욤 풍	
29日	にじゅうくにち 니쥬-쿠니치		五分	ごふん 고 훈(훙)	
30日	さんじゅうにち 산쥬-니치		六分	ろっぷん 롭 풍	
31日	さんじゅういちにち 산쥬-이치니치		七分	ななふん 나 나 훙	
	時(じ) 쓰기		八分	はっぷん 합 풍	
一時	いちじ 이치지		九分	きゅうふん 큐-훙	
二時	にじ 니지		十分	じっぷん 집 풍	
三時	さんじ 산지		十一分	じゅういっぷん 쥬-입풍	
四時	よじ 요지		十五分	じゅうごふん 쥬-고 훈(훙)	
五時	ごじ 고지		二十分	にじっぷん 니집풍	
六時	ろくじ 로쿠지		二十五分	にじゅうごふん 니쥬-고훈	
七時	しちじ 시치지		三十分	さんじっぷん 산집풍	

단기완성
표준 일본어 쓰기

2022년 4월 25일 중쇄 발행

저　자・오오노 마리에・김주희
발행인・우 제 군
발행처・예성출판사

주　소・서울시 중구 을지로41길 24번지 (을지로6가 18-55)
전　화・02) 2267-8739・2272-9646・2266-9153
팩　스・02) 2269-3393
등　록・1979. 11. 22
등록번호・제2-213
　　값 5,000원

ISBN 978-89-7388-207-6

* 이 책의 내용을 복사・전재할 수 없습니다.